Armenian Songbook

Compiled by
Alfred Aghajanian

ԵՐԳԱՐԱՆ

ԿԱԶՄԵՑ՝
Ա. ԱՂԱՋԱՆԵԱՆ

Armenian Songbook

ISBN: 978-1-64439-352-9

ԵՐԳԱՐԱՆ

ISNB: 978-1-64439-352-9

Հրատարակված Ամերիկայի Միացյալ Նահանգներում

ՄԱՅՐԻԿՍ

Հայրենիքես հեռացել եմ,
Խեղճ պանդուխտ եմ, տուն չունիմ,
Ազիզ մորես բաժանվել եմ,
Տըխուր-տըրտում, քուն չունիմ:

Սարեն կուգաք, նախշուն հավքե՛ր,
Ա՜խ, իմ մորս տեսել չե՞ք,
Ծովեն կուգաք, մարմանդ հովե՛ր,
Ախըր բարև բերել չե՞ք:

Հավք ու հովեր եկան կըշտիս,
Անձեն դիպան ու անցան,
Պապակ-սրտիս, փափագ-սրտիս
Անխոս դիպան ու անցա՛ն:

Ա՜խ, քո տեսքին, անուշ լեզվին,
Կարոտցել եմ, մայրի՛կ ջան,
Երնե՛կ, երնե՛կ, երազ լինիմ,
Թըռնիմ մոտըդ, մայրի՛կ ջան:

Երբ քունըդ գա, լուռ գիշերով,
Հոգիդ գըրկեմ, համբույր տամ.
Սըրտիդ կըպնիմ վառ կարոտով,
Լա՛մ ու խընդա՛մ, մայրի՛կ ջան…

ՀԱՅՐ ԻՄ

Հայր իմ, մանկուց սիրել եմ քեզ,
Փարւել կրծքին քո հայրական,
Բազուկներում քո առնական,
Ինձ կարծում եմ ինչպէս հսկայ:

Կրկն.–Հայ ես եղել, հայր ես եղել,
Մասիսի պէս վեհ ես եղել,
Իսկ քո սիրտը ու սուրբ խիղճը,
Ինձ ապաւէն յոյս են եղել:

Քո ողջ կեանքում սիրել ես մեզ,
Չարչարւել ես պահել ես մեզ,
Ծերացել ես ու քո կեանքը
Բաժանել ես, տւել ես մեզ:

Կրկն.–Հայ ես եղել, հայր ես եղել,
Մասիսի պէս վեհ ես եղել,
Իսկ քո սիրտը ու սուրբ խիղճը,
Ինձ ապաւէն յոյս են եղել:

Հայր իմ ես քեզ չեմ մոռանայ,
Ու անունդ միշտ կը մնայ
Սերունդներդ քեզ կը յիշեն
Ու միշտ կասեն մեծ մարդ էր նա:

Կրկն.–Հայ ես եղել, հայր ես եղել,
Մասիսի պէս վեհ ես եղել,
Իսկ քո սիրտը ու սուրբ խիղճը,
Ինձ ապաւէն յոյս են եղել:

ԲԱՐԴԻՆԵՐԻ ՊՈՒՐԱԿՈՒՄ

Բարդիները խշշացին.
Աղբիւրներր լաց եղան,
Տխուր իրար նայեցին.
Ջահէլ աղջիկն ու տղան:

Տղան ասաց՝ հեռացիր,
Մեր միջեւ էլ սէր չկայ.
Արցունքները hոսեցին,
Թուխ աչերից աղջկայ:

Ու կանգնեցին նրանք լուռ.
Անջատման վիշտն hոգում,
Եւ գլխահակ ու տխուր
Բարդիների պուրակում:

Իջաւ խաղաղ իրիկուն,
Ստուերները չքացան.
Եւ մի ուրիշ լռութիւն.
Ու երկու սիրտ քարացան:

Տղան գտաւ ուրիշ սէր,
Մոռացաւ այն աղջկան.
Մի ուրիշն էր շիկահեր.
Որ հմայել էր նրան:

Բարդիներր խշշացին,
Աղբիւրները լաց եղան,
Բաժանուեցին գնացին,
Ջահէլ աղջիկն ու տղան:

Գեղամ Սարեան

ՆԱՎԱՎԱՐ

— Է՛յ, նավավար, ի՞նչ ես անում,
Ո՞ւր ես նստում դու նավակ,
Սև ամպերն են, տե՛ս, բարձրանում,
Դեպի երկինք կապուտակ:

Հորիզոնն էլ մութով պատած,
Հեռվում ամպն է որոտում,
Նայի՛ր, ծովն էլ կամա՛ց-կամա՛ց
Պարզ երեսն է կնճռոտում…

— Է՛հ աղա՛ջան, դարդ մի՛ արա,
Ծովափին եմ ես ծնվել,
Մեծացել եմ ծովի վրա,
Ծովի ջրով միշտ սնվել:

Մանուկ օրից շա՛տ եմ տեսել,
Ե՛վ փոթորիկ, և՛ աղետ,
Ծովն է ինձ միշտ օրոր ասել,
Նո՛ր չեմ ծանոթ ծովի հետ:

Հայր ունեի – ծովում կորավ,
Որսի ելած մութ գիշեր,
Նրան ալիք լափեց, կերավ,
Նա ձկնորս էր անվեհեր:

Ծովում կորցրի երկու եղբայր,
Նավավարներ ինձ նման,
Որ իմացա-երկինք, աշխարի,
Ասես, գլխիս փո՛ւլ եկան…

Է՛հ աղա՛ ջան, դարդ մի՛ անիլ,
Թե ծովն ինձ էլ կուլ կըտա,
«Կուժն ամեն օր ջուր չի բերիլ»
Ամեն բանի վե՛րջը կա…

Կյանքը լավ է… բայց ի՞նչ արած,
Համ էլ մահից, ի՞նչ փախչեմ,
Ծովն է տալիս մեզ կյանք ու հաց,
Ծովի տակ էլ կըհանգչեմ…»:

— Ասաց, շարժեց նա թիակներ
Եվ բարձրաձայն երգելով,
Քաջ սլացավ ծովի խորքեր,
Սև ալիքներ ճեղքելով…

Ալեքսանդր Ծատուրյան

ՍԵՒ ՍԵՒ ԱՉԵՐ ԳԵՂԵՑԻԿ

Սեւ սեւ աչեր գեղեցիկ,
Ինձ մի աներ տարպետար,
Գիշեր ցերեկ այրըւում եմ
Քո սիրուցը անդադար:

Մի՞թէ սիրածըդ ես եմ,
Ուրիշին էի կարծում,
Թէ որ այդպէս է, հոգի ջա՛ն,
Ես էլ հո՛ քեզ եմ սիրում:

Սեւ սեւ աչեր գեղեցիկ,
Ինձ մի աներ խելագար,
Գիշեր ցերեկ տանջւում եմ
Քո սիրուցը անդադար:

Ինչո՞ւ համար մտածել,
Ի զուր տեղը տանջըւել,
Արի՛ մենք ամուսնանանք,
Ի՞նչ շահ որ այդպէս մնանք:

ԿԱՐՄԻՐ ԳԻՆԻ, ԱՆՈՒՇ ԳԻՆԻ

Կարմիր գինի, անուշ գինի, վա՛յ, վա՛յ,
Քու քամողի մատներն ուտեմ, վա՛յ, վա՛յ,
Մեռած մարդու կեանք ես տալիս, վա՛յ, վա՛յ,
Քու քամողի հոգուն մեռնիմ, վա՛յ, վա՛յ:

Երկինք գետին, Աստված վկայ, վա՛յ, վա՛յ,
Քէյֆիցը լաւ ոչինչ չկայ, վա՛յ, վա՛յ,
Դէ՛, քէյֆ արէք դուք աշխարհում, վա՛յ, վա՛յ,
Դուշմանի լեզուն մնջանայ, վա՛յ, վա՛յ:

Մենք էլ նստենք մի քէյֆ անենք, վա՛յ, վա՛յ,
Կարմիր գինին, անուշ գինին, վա՛յ, վա՛յ,
Գինի խմենք և քէյֆ անենք, վա՛յ, վա՛յ,
Մեկզմէկու մենք ջան ասենք, ջան, ջան, ջան:

ԿԻՆ ՈՒ ԳԻՆԻ

Բերէ՛ք շիշը, բերէ՛ք բաժակը,
Քանի խումի կայ ախորժակ,
Որսանք բոպէն զուր բերկրանքի
Յաւերժական չէ մարդուս կեանք:

Առանց գինու փուճ է կեանքը,
Սէրն է տալիս մեզ բերկրանքը,
Սէր ու գինի, գինի ու սէր,
Այս է կեանքի մեր սփոփանքը:

Խմենք գինի կընոջ կենաց,
Կնկան սիրենք անկեղծ սըրտանց,
Տղամարդուն գինի ու կին
Ընծայել են Նոյ և Աստված:

Լըցրէ՛ք բաժակ փըրփըրադէզ,
Բերէ՛ք իմ մօտ կին բոցակէզ,
Խմեմ, գրկեմ ու համբուրեմ,
Այնուհետեւ իմ կեանքը ձեզ:

Գամառ Քաթիպա

ՓՈՂ ՈՒՆԵ՞Ս, – ՀԱ՛, ՀԱ՛...

Թէլլի.– Ես կը գնամ միայն նրան,
Ո՛վ որ փողեր շատ ունի,
Ո՛վ որ փողեր շատ ունի,
Դարդ ու ցաւեր հէ՛չ չունի:
– Փող ունե՞ս...
Վէլլի.– Հա՛, հա՛...
Թէլլի.– Փող ունե՞ս...
Վէլլի.– Հա՛, հա՛...
Թէլլի.– Փող ունես՝ ես քոնն եմ,
Փող չունես՝ գնա՝ կորիր:
Վէլլի.– Քեզ կը սիրեմ մի պայմանավ,
Որ ինձ անկեղծ եար լինես,
Որ ինձ անկեղծ եար լինես,
Դարդ ու ցաւից ազատես:
–Փող ունեմ...
Թէլլի.– Գալի՞ս ես...
Վէլլի.– Փող ունեմ...
Թէլլի.– Գալի՞ս ես...
Վէլլի.– Գիտեմ դու գալիս ես,
Գիտեմ դու հոգիս ես:
Թէլլի.– Փողը մի այնպիսի բան է,
Որի ուժը շատ մեծ է,
Որի ուժը շատ մեծ է,
Դարդ ու ցաւից կ՛ազատէ,
– Փող ունե՞ս. – Հա՛, Հա՛... և այլն:

ՎԷԼԼԻ – ԹԷԼԼԻ ԴԷՄ ԴԷՄԻ

ՎԷԼԼԻ

Հըլէ՛ ինձ համար մարալ ես,
Ես քո աչերիդ մատաղ,
Ի՞նչ կ՛ըլլա ինձ եար ըլլես,
Ես քո ծամերիդ մատաղ:

ԹԷԼԼԻ

Դու ինձ համար մարալ չես,
Ի՞նչ ես ուզում ինձանից,
Լաւն այն է որ հեռանս,
Ուր որ կը գայ աղըս:

ՄԻՐՈՒՆՆԵՐ

Միրուննե՛ր, մի՛ք նեղանայ,
Որ միշտ իմ եարին եմ գովում,
Դուք իմ դարդս չէք իմանում,
Էնտի եարիս եմ գովում,
Էնտի փերիս եմ գովում:

Թէկուզ լինեք աղաւնեակ՝
Թելիկներդ լայն բաց արած,
Ճախրելով վեր բարձրանաք,
Էլի եարիս եմ գովում,
Էլի փերիս եմ գովում:

Թէկուզ լինիք սիրամարգ
Ձեր նախշունիկ փետուրներով,
Կամ անուշ երգող սոխակ,
Էլի եարիս եմ գովում,
Էլի փերիս եմ գովում:

Ամենքդ մէկ-մէկ փերի
Աչքիս առաջ ման էք գալի,
Բայց ինձ չէք կարող գերի,
Էնտի եարիս եմ գովում,
Էնտի փերիս եմ գովում:

Գուսան Շերամ

ՄԵՆՔ ԱՆԿԵՂԾ ԶԻՆՒՈՐ ԵՆՔ

Մենք անկեղծ զինվոր ենք առանցի վիճակի,
Ուխտել ենք ծառայել երկար ժամանակ.
Պարսկաստանի խորքից եկել է նամակ,
Գնում ենք բարով, կը՛ւշանանք տարով,
Արիւն, սուր ու հուր, պատերազմի դաշտ կը սպասեն մեզի:

Դուշմանը մեզ տւեց ջան ֆէդա անուն,
Այդ անւան համաձայն տեսաւ զօրութիւն,
Մենք չենք ուզեր ազատ կամքի բռնութիւն,
Ուխտել ենք կռւել, բայց սիրով մեռնել
Համոզւած ենք, որ միայն զէնքով կայ Հայոց փրկութիւն:

Ստամբոլը պիտի լինի արեան ծով,
Ամէն կողմից կռիւ կը սկսի շուտով
Կոտորից Բաշկալա անցնենք հեշտ կերպով,
Աջից Վարդանը, ձախից Իշխանը,
Գրաւենք Աղբակ, տարածենք սարսափ, Փառք հայութեան:

Բաշկալա գաւառում, այն պատերազմին
Աւելի մեծ սարսափ տիրեց սուլթանին,
Քաջ Զէյթունը յաղթեց վատ չար զազանին
Կեցցէ Զէյթունը, խրոխտ Սասունը, ողջ հայութիւնը,
Բախտաւոր օրեր, պարծանք հայ ազգին:

ԵՐԵՒԱՆ ԲԱՂ ԵՄ ԱՐԵԼ

Երևան բաղ եմ արել: Ջիգյարս տաղ եմ արել: Երևան բաղ եմ արել: Ջիգյարս տաղ եմ արել:
Դոստ ու դուշմանիս միջին,ա՛յ բալա, լացս ծիծաղ եմ արել:
Դոստ ու դուշմանիս միջին,ա՛յ բալա, լացս ծիծաղ եմ արել:

Երևան բաղ եմ արել: Ջիգյարս տաղ եմ արել:
Դոստ ու դուշմանիս միջին,ա՛յ բալա, լացս ծիծաղ եմ արել:
Դոստ ու դուշմանիս միջին, ա՛յ բալա, լացս ծիծաղ եմ արել:

Արևը մեզի, մեզի, լավ աղջիկ, մեռնիմ քեզի:
Արևը մեզի, մեզի, լավ աղջիկ, մեռնիմ քեզի:
Դոստ ու դուշմանիս միջին, ա՛յ բալա, լացս ծիծաղ եմ արել:

Արևը մեզի, մեզի, լավ աղջիկ, մեռնիմ քեզի:
Դոստ ու դուշմանիս միջին, ա՛յ բալա, լացս ծիծաղ եմ արել:

Վո՛ւյ, ամա՛ն, յա՛ր ջան, ոտից գլուխ մարջան:
Վո՛ւյ, ամա՛ն, յա՛ր ջան, ոտից գլուխ մարջան:
Դու «չոռ» ասես, ես քեզ «ջան»: Չլնենք իրար դավաճան:
Դու «չոռ» ասես, ես քեզ «ջան»: Չլնենք իրար դավաճան:

ԵՍ ԻՄ ԱՆՈՒՇ ՀԱՅԱՍՏԱՆԻ

Ես իմ անուշ Հայաստանի արևահամ բառն եմ սիրում,
Մեր հին սազի ողբանվագ, լացակումած լարն եմ սիրում,
Արնանման ծաղիկների ու վարդերի բույրը վառման,
Ու Նայիրյան աղջիկների հեզաճկուն պա՛րն եմ սիրում:

Սիրում եմ մեր երկինքը մուգ, ջրերը ջինջ, լիճը լուսե,
Արևն ամռան ու ձմեռվա վիշապաձայն բուքը վսեմ,
Մթում կորած խրճիթների անհյուրընկալ պատերը սև
Ու հնամյա քաղաքների հազարամյա քա՛րն եմ սիրում:

Ուր է՛լ լինեմ - չե՛մ մոռանա ես ողբաձայն երգերը մեր,
Չե՛մ մոռանա աղոթք դարձած երկաթագիր գրքերը մեր,
Ինչքան էլ սո՛ւր սիրտս խոցեն արյունաքամ վերքերը մեր -
Էլի՛ ես որբ ու արնավառ իմ Հայաստան - յա՛րն եմ սիրում:

Իմ կարոտած սրտի համար ո՛չ մի ուրիշ հեքիաթ չկա,
Նարեկացու, Քուչակի պես լուսապսակ ճակատ չկա,
Աշխա՛րհ անցի՛ր, Արարատի նման ճերմակ գագաթ չկա,
Ինչպես անհաս փառքի ճամփա՝ ես իմ Մասիս սա՛րն եմ
սիրում:

Եղիշե Չարենց

ՉԱՐԹԻ՛Ր, ԼԱՌ
(հին բառերը)

Խեղճ մշեցին մընաց լալով,
Հեռու երկրներ ման գալով,
Մեռավ թուրքի պարտքը տալով,
Զարթի՛ր, լաո, մռնիմ քըզի:

Չուր ե՞րբ մընամ էլու դռներ ,
Էրթամ գտնեմ զիմ խեղճ գառներ ,
Սուքեմ զիմ բախչի ծառեր ,
Զարթի՛ր , լաո , մռնիմ քըզի :

Գրող տանի քուրդ Հասոյին ,
Որ ըսպանեց ջոջ Ափոյին ,
Իլաջ մացեր Արաբոյին ,
Զարթի՛ր , լաո , մռնիմ քըզի :

Սնիլ , շիվար մացած հայեր ,
Եղած անտուն , բնավ հավքեր ,
Սուլթան կուզե ջնջե մըզի ,
Զարթի՛ր , լաո , մռնիմ քըզի :

ԱՐԴՅՈՔ ՈՎՔԵՐ ԵՆ՞

Արարատ առաջ, հայ զինվորներ քաջ,
Վրեժ մեր սրտում, գնանք միշտ առաջ:
Արարատ առաջ, հայ զինվորներ քաջ,
Վրեժ մեր սրտում, գնանք միշտ առաջ:

Արդյոք ովքեր են, հե՛յ, ինչ կտրիճներ են,
Մասիսը վկա, հայոց քաջերն են:
Արդյոք ովքեր են՞ հե՛յ, ինչ կտրիճներ են,
Մասիսը վկա, հայոց ֆեդայիններն են:

Սարերից իջան մի խումբ ձիավոր,
Նրանց մեջն էլ քաջ, Սերոբն ուխտավոր:
Սարերից իջան մի խումբ ձիավոր,
Նրանց մեջն էլ քաջ, Սերոբն ուխտավոր:

Արդյոք ովքեր են, հե՛յ, ինչ կտրիճներ են,
Մասիսը վկա, հայոց քաջերն են:
Արդյոք ովքեր են՞ հե՛յ, ինչ կտրիճներ են,
Մասիսը վկա, հայոց ֆեդայիններն են:

Դե կովեք տղերք, դե կովեք քաջ-քաջ,
Ջարդենք թշնամուն, գնանք միշտ առաջ:
Դե կովեք տղերք, դե կովեք քաջ-քաջ,
Ջարդենք թշնամուն, գնանք միշտ առաջ:

Արդյոք ովքեր են, հե՛յ, ինչ կտրիճներ են,
Մասիսը վկա, հայոց քաջերն են:
Արդյոք ովքեր են, հե՛յ, ինչ կտրիճներ են,
Մասիսը վկա, հայոց ֆեդայիններն են:

ԲԻՆԳԵՕԼ

Երբ բաց եղան գարնան կանաչ դռները.
Քնար դառան աղբիւրները Բինգեօլի.
Շարւէշարան անցան զուգւած ուղտերը.
Եարս էլ գնաց եայլաներր Բինգեօլի:

Անգին եարիս լոյս երեսին կարօտ եմ.
Նազուկ մէջքին. Ծով-ծամերին կարօտ եմ.
Քաղցր լեզւին, անուշ հոտին կարօտ եմ.
Սեւ աչքերով էն եղնիկին Բինգեօլի:

Պա՛ղ-պա՛ղ ջրեր, պապակ շուրթս չի բացւի.
Ծուփ-ծուփ ծաղկունք, լացող աչքս չի բացւի.
Դեռ չտեսած եարիս,– սիրտս չի բացւի,
Ինձ ի՞նչ, աւա՛ղ, բլբուլները Բինգեօլի:

Մոլորւել եմ, Ճ՛ամփաներին ծանօթ չեմ.
Բյուր լճերին, գետ ու քարին ծանօթ չեմ,
Ես պանդուխտ եմ, էս տեղերին ծանօթ չեմ,
Քույրիկ, ասա, ո՞րն է ճամփան Բինգեօլի:

Աւետիք Իսահակեան

ՇՈՐՈՐԱ

Բաղեն թռած բլբուլ եմ,
Պարտեզեն պոկած սմբուլ եմ,
Ով որ սիրտս հասկանա,
Ես նրան դուրբան ու դուլ եմ:

Շորորա՛,
Շորորա, թառլա՛ն, շորորա,
Շահմար հյուսդ էրերա:
Շորորա, ջեյրա՛ն, շորորա, էրված սրտիս հով էրա:
Գիշերն անցավ՝ քուն չունիմ,
Շորորա, թառլա՛ն, շորորա,
Սավդաքար եմ՝ տուն չունիմ,
Ղանառներդ բաց, հով էրա:

Աղբյուր եմ սարի սրտին,
Չարա չկա սրտիս դարդին,
Ամեն անցորդ կխմե.
Բլբուլն է ծարավ ալ վարդին:

Շորորա՛...

Ջեփյուռ եմ, սարեն կուգամ,
էրված սրտերում հով կուտամ,
Ալ վարդին, ալվան վարդին
Իմ շաղերս սիրով կուտամ:

Շորորա՛...

Գուսան Շերամ

ՏԱՐՕՐԻՆԱԿ ՄԱՐԴ ԱՐԱՐԱԾ

Տարօրինակ, տարօրինակ մարդ արարած
Մոմի լույսով՝ խավարի մեջ համատարած
Կհալածես դու տեսիլքներ արնավառ
Կխարխափես, բայց խավարին չես հավատա:

Արցունքներից միգամածին խորին տմույն
Գիտես նայել արշալույսի ճաճանչներին
Սգի քողի տակ հուսալից դու սիրահար՝
Կտառապես և վշտերից չես հավատա:

Վզից շղթա և թևերից ծանր կապանք՝
Դու կփորձես արծիվներին վայել ճախրանք
Եվ այս կյանքի մեծ բանտի մեջ բազմակամար
Դու կխեղդվես՝ շղթաներից չես հավատա:

Փուշ ու տատասկ քեզ կարյունեն ճամփից վրա,
Բայց խոցոտված քո մատներով արյունլվա
Դու կորոնես ծաղիկների հոգին պայծառ,
Ցավից կոռնաս և ցավերից չես հավատա:

Տարօրինակ, տարօրինակ մարդ արարած
Քո ձեռքերով հողին կտաս կյանքեր ծաղկած
Կզգաս դեմքից մահվան քամին և հողմավար
Կընկնես անշունչ, սակայն մահվան չես հավատա:

Մուշեղ Իշխան

ԿՈՒԳԱՆ ՈՒ ԿԵՐԹԱՆ

Ձախորդ օրերը ձմռան նման կուգան ու կերթան,
Վհատելու չէ, վերջ կունենան, կուգան ու կերթան,
Դառն ցավերը մարդու վերա չեն մնա երկար,
Որպես հաճախորդ շարվեշարան կուգան ու կերթան:

Փորձանք, հալածանք և նեղություն ազգերի գլխից
Ինչպես ճանապարհի քարավան կուգան ու կերթան,
Աշխարհը բուրաստան է հատուկ, մարդիկը ծաղիկ,
Ո՞րքան մանուշակ, վարդ բալասան կուգան ու կերթան:

Ոչ ուժեղը թող պարծենա, ոչ տկարը տխրի,
Փոփոխակի անցքեր զանազան կուգան ու կերթան,
Արևը առանց վախենալու ցայտում է լույսը,
Ամպերը դեպի աղոթարան կուգան ու կերթան:

Երկիրը ույալ զավակին է փայփայում մոր պես,
Անկիրթ ցեղերը թափառական կուգան ու կերթան,
Աշխարհը հյուրանոց է, Ջիվան, մարդիկը հյուր են,
Այսպես է կանոնը բնական, կուգան ու կերթան:

ՔԵԼԵ ԼԱՈ

Քելե' լաո, քելե' երթանք մըր էրգիր,
Երթանք ըն ձոր, քաղինք մատղաշ խավրծիլ,
Քաղինք, քաղինք, էնինք մըզի դեղ ու ճար
Քելե', լաո, քելե' երթանք մըր էրգիր:

Ամեն թփին կիջնի քաղցրիկ մանանա,
Մեկ-մեկ փշուր ուտինք, մըր սիրտ հովանա,
Սասնա էրգիր մըր աչվու դեմ թող ծովանա,
Քելե', լաո, քելե' երթանք մըր էրգիր:

Հոն արոսներ կտուց-կտցի կըերգին,
Ծիծեռնակներ թնիկ-թնիկ կըծափին,
Քարեր առանց մըզի արցունք կըթափին,
Քելե', լաո, քելե' երթանք մըր էրգիր:

Մըր հեր էնտեղ, մըր մեր էնտեղ կծաղկին,
Անուշ գիլան, մրմուռ ձենով կկանչին,
Ի՞մալ կեղնի, ի՞մալ չերթանք մըր էրգիր,
Քելե', լաո, քելե' երթանք մըր էրգիր:

ԵՍ ՊՈՒՃՈՒՐ, ԱՐԵՒԻՏ ՄԵՌՆԵՄ

Ես պուճուր, եարս պուճուր, արեւիտ մեռնիմ
Ով կուտայ մեզ հաց ու ջուր, բարեւիտ մեռնիմ,

Արեւիտ մեռնիմ, եար ջան
Բարեւդ կ՛առնեմ, եար ջան,
Սիրելէն կ՛առնեմ:

Գօտի ես կապել, եար ջան, ինձ համար մէկ հատ ես,
Սիրել եմ քեզի կ՛առնեմ, ջհաննամ որ աղքատ ես:

Արեւիտ մեռնիմ, եար ջան
Բարեւդ կ՛առնեմ, եար ջան,
Սիրելէն կ՛առնեմ:

Ես դոջա, եարս դոջա, արեւիտ մեռնիմ,
Քաց կուտենք պողչա-պողչա, բարեւիտ մեռնիմ:

Արեւիտ մեռնիմ, եար ջան
Բարեւդ կ՛առնեմ, եար ջան,
Սիրելէն կ՛առնեմ:

ՊԱՐՏԷԶՈՒՄ ՎԱՐԴԵՐ ԲԱՑՒԱԾ

Պարտեզում վարդեր բացւած,
Կապասեն սոխակի,
Առանց սոխակ, թառամած.
Կարօտ են պսակի:

Կրկն.–Արդեօք ո՞վ է, դուռն է թակում,
Ա՛խ, սիրտս կը դողայ,
Իմ սիրուհիս ո՞ւր է գնում.
Ա՛խ, սիրտս կը խաղայ:

Գետակի ալիքներր
Գնում են խայտալով,
Սիրահարի աչերից
Արտասուք թափելով:

Կրկն.–Արդեօք ո՞վ է, դուռն է թակում...

Սիրուհին տանը նստած՝
Սպասում է եարին,
Քնարը ձեռքին բռնած՝
Նւագում լալագին:

Կրկն.–Արդեօք ո՞վ է, դուռն է թակում...

Սիրուհին տանը նստած
Գրում է նամակներ,
Խիստ տրտում կանցկացնէ
Իր գեղեցիկ օրեր:

Կրկն. – Արդեօք ո՞վ է, դուռն է թակում...

ՍԱՐԵՐԻ ՀՈՎԻՆ ՄԵՌՆԵՄ

Սարերի հովին մեռնեմ,
Հովին մեռնեմ, հովին մեռնեմ.
Իմ յարի բոյին մեռնեմ,
Բոյին մեռնեմ, բոյին մեռնեմ,
Մի տարի է՝ չեմ տեսել,
Տեսնողի ջուխտ աչքին մեռնեմ:

Գետերը ջուր չեն բերում,
Ջուր չեն բերում, ջուր չեն բերում,
Իմ յարից լուր չեն բերում,
Լուր չեն բերում, լուր չեն բերում:
Չլնի՞ սիրտը սառել է,
Էլ ինձ սիրո հուր չես բերում:

Կայնել եմ՝ գալ չեմ կարող,
Գալ չեմ կարող, գալ չեմ կարող,
Լցվել եմ՝ լալ չեմ կարող,
Լալ չեմ կարող, լալ չեմ կարող,
Մի տարի է չեմ տեսել,
Տեսնողի ջուխտ աչքին մեռնեմ:
Յարս միշտ սրտիս մեջ է,
Բայց անունը տալ չեմ կարող:

Վ. Հարությունյան

ԱՉՔԸԴ ԽՈՒՄԱՐ

Գարուն սիրուն անուշ յար,
Արի, դարդիս արա ճար,
Ես քեզ համար էրվում եմ,
Դու նստել ես բեխաբար:

Աչքըդ խումար,
ՈՒնքըդ կամար,
Անուշիկ յար,
Արի տար:(2)

Իզուր սիրտս քեզ տվի,
Ալ օրս փոխվեց սևի,
Դարդես հեչ խաբար չունիս,
Թողիր կարոտ արևի:

Նվեր կուտամ, ինչ կուզես,
Ինձ մի' թողնի սևերես,
Քուն չունիմ, դադար չունիմ,
Գոնե մեկ օր արի տես:

Վարդս թողի հեռացա,
Բան ու գործս մոռացա,
Մալ ու մուլքս վատնեցի,
Վառ էշխեղ աշուղ դարձա:

Գուսան Շերամ

ՎԱՐԴԸ

Փոքրիկ տղան մի վարդ տեսավ,
Տեսավ մի վարդ դաշտի միջին.
Վարդը տեսավ, ուրախացավ,
Մոտիկ վազեց սիրուն վարդին,
Սիրուն վարդին, կարմիր վարդին,
Կարմիր վարդը դաշտի միջին:

Տղան ասավ. - Քեզ կպոկեմ,
Այ կարմիր վարդ, դաշտի միջին,
Վարդը ասավ. - Տես, կծակեմ,
Որ չմոռնաս փշոտ վարդին,
Փշոտ վարդին, կարմիր վարդին,
Կարմիր վարդը դաշտի միջին:

Ու անհամբեր տղան պոկեց,
Պոկեց վարդը դաշտի միջին,
Փուշը նրա ձեռքը ծակեց.
Բայց էլ չօգնեց քնքուշ վարդին,
Քնքուշ վարդին, կարմիր վարդին,
Կարմիր վարդը դաշտի միջին:

Հովհ. Թումանյան

ԶԵՓԻՒՌԻ ՆՄԱՆ

Զեփիւռ կը դառնամ, մեղմիկ աննման.
Սարերից կիջնեմ նստեմ քո դռան.
Սիրուցդ վառուած ասպետի նման.
Թուրս կը դնեմ քո այգու դռան:

Կրկն.–Ու քեզ կը հսկեմ գիշեր ու ցերեկ.
Մենակ թէ եար ջան, շուտ-շուտ այգի եկ.
Որ նայեմ ես քեզ՝ կարօտս առնեմ.
Սիրուցդ արբած, մեռնեմ քո դռան:

Գարուն կը դառնամ՝ մտնեմ քո այգին,
Բլբուլի նման փարւեմ քո վարդին,
Քո Շահէնն եմ, եա՛ր, հազար խաղերով,
Եկել եմ դուռդ, մատաղ քո կեանքին:

Կրկն.–Ու քեզ կը հսկեմ գիշեր ու ցերեկ...

Գուսան Շերամ

Ո՞ՒՐ ԷՍ

Քեզ տեսա, սիրեցի, հասկացա, որ իմն ես,
Գերեցիր իմ հոգին, հեռացար դու անտես,
Առաջին հայացքից դարձել եմ սիրահար,
ՈՒ սիրտս այդ պահից զարկում է քեզ համար:

Դե արի՛, սիրելիս, ետ արի՛,
Երազս մի մարի,
Իմ սերը քեզ համար է:

Ամեն տեղ փնտրում եմ քեզ, ո՞ւր ես, ո՞ւր ես:
Քեզ համար ապրում եմ ես, քո սիրուց խենթանում եմ,
Թե կյանքում, թե երազում մեկ է իմն ես,
Ուր էլ որ լինես իմ սեր կգտնեմ ես քեզ:

Իմ առջև բացել ես անծանոթ մի աշխարհ,
Կարոտից այրվում եմ, տանջվում եմ քեզ համար,
Ամեն օր, հավատա, սպասում եմ քեզ, իմ սեր,
Որ անցնես դու իմ կողքով, ասեմ սիրո խեսքեր:

Դե արի՛, իմ հույսը մի մարի,
Սիրելիս, ետ արի,
Կյանքիս իմաստը դու ես:

Ամեն տեղ փնտրում եմ քեզ, ո՞ւր ես, ո՞ւր ես:
Քեզ համար ապրում եմ ես, քո սիրուց խենթանում եմ,
Թե կյանքում, թե երազում մեկ է իմն ես,
Ուր էլ որ լինես իմ սեր կգտնեմ ես քեզ:
Դե արի՛, սիրելիս, ետ արի՛,
Երազս մի մարի,
Կյանքիս իմաստը դու ես:

ԽՌՈՎԱԾ ԷՐ

Այսօր ես իմ եարին տեսայ, թուխ մազերը օլորած էր,
Բարեւ տուի. բարեւ չառաւ. տեսնես ինչո՞ւ մոլորած էր,
Շարմաղ դէմքին կարմիր խնձոր, լուսնի նման բոլորած էր.
Սիրտը ելած, աչքերը թաց. անձրեւի պէս վարարած էր.
Կայծակ դառած խփեց անցաւ, որոտի պէս վրդովւած էր:

Աւի էդպէս սիրտդ տխուր ո՞ւր ես գնում, մատաղ եմ քեզ,
Կանգ առ սիրտդ թեթեւանայ, զուր ես գնամ, մատաղ եմ քեզ.
Ականջ արա, բան եմ ասում, ո՞ւր ես գնում մատաղ եմ քեզ,
Չէ՞ որ դու իմ անուշ եարն ես, լուռ ես գնում, մատաղ եմ քեզ:
Արի նստենք, զրոյց անենք, սիրտդ ինչո՞ւ պղտորւած է:

Ա՛խ, իմ եարը անցաւ, գնաց, աղաչեցի, ետ չդառաւ,
Ուր որ գնաց՝ հետեւեցի, մինչեւ լուսոյ աստղը ելաւ,
Գնաց-գնաց ու ման եկաւ, սիրտս էլ հանեց հետը տարաւ,
Ասաւ՝ Շահէն, էդ քո սիրտը սրտիս դեղ ու դարման չարաւ.
Նոր հասկացայ, որ իմ եարը իմ արւեստից խռոված էր:

Գուսան Շերամ

ԴՈՒ ՆՈՐԻՑ ԵԿԵԼ ԵՍ

Դու նորից եկել ես, ի՞նչ անեմ,
Ես այնպես սիրել եմ քո հոգին,
Գերել ես հայացքովդ քո անեզր
Ու կապել քո սիրո հմայքին:

Քեզ երկար, շատ երկար եմ սիրել,
Ու թաքուն արտասվել քեզ համար,
Դու նորից եկել ես, - քեզ սիրե՞մ,
Քեզ սիրե՞մ, քեզ սիրե՞մ, ի՞նչ անեմ,
Աչքերս դեռ թաց են մինչ հիմա:

Չգիտես ի՞նչ անես, ո՞ւմ սիրես,
Դու խենթ ես, խենթ աղջիկ մի լուսե,
Ես էլ քեզ խենթի պես եմ սիրել,
Բայց քեզնից երբեք սեր չեմ տեսել:

Դու խենթ ես, խենթ աղջիկ, բայց հիմա
Դու նորից եկել ես, ի՞նչ անեմ,
Ես էլ խենթ եմ դառել ակամա,
Քեզ նորից սիրել եմ, ի՞նչ անեմ,
Աչքերս դեռ թաց են մինչ հիմա:

Քեզ սիրե՞մ, քեզ սիրե՞մ, ի՞նչ անեմ,
Աչքերս դեռ թաց են մինչ հիմա:

ՍԻՐՈ ԵՐԳ

Փռվել էր շուրջը գարուն,
Եվ նազում էր կեչին,
Գարնան արևն էր բուրում
Մեր համբույրն առաջին:
Զեփյուռն էր խաղում թփերում,
Վարսերդ մեղմիկ գուրգուրում,
Կրկնում էր երգիս հետ շարունակ՝
"Իմ անուշ, իմ միակ":

Քեզնով եմ ես միայն ապրում ու շնչում,
Իմ շուրթերից անունն է քո միշտ հնչում,
Դու իմ սիրո արև, իմ բերկրանք,
Իմ անուշ, իմ միակ:

Արդեն օրեր են անցել,
Միշտ ինձ հետ ես անգին,
Բայց մենք դեռ չենք մոռացել
Այն գարունն ու այգին:

Գնում ենք այնտեղ միասին
Հիշում մեր համբույրն առաջին,
Կրկնում ենք մի ծանոթ եղանակ.
"Իմ անուշ, իմ միակ":

Քեզնով եմ ես միայն ապրում ու շնչում...

ՆԱ ՄԻ ՆԱԶ ՈՒՆԻ

Եկան գարնան անուշ օրեր,
Ծաղկով լցվան դաշտեր, ձորեր,
Յարս զուգվել, սեյրան կերթա՝
Հագած կապած ալվան շորեր:

Նա մի նազ ունի,
Նազ ունի, նազ ունի,
Ձեռքին սազ ունի,
Սազ ունի, սազ ունի,
Չալելով սեյրան կերթա,
Դարձել է ջեյրան՝ կերթա:

Արտույտն եկավ մըտավ արտը,
Բըլբուլն իջավ գըրկեց վարդը,
Հազար սիրուն, հազար հեքիմ
Չեն իմանա սրտիս դարդը:

Նա մի նազ ունի…

Հավքերն եկան երամ-երամ,
Անուն ունիմ՝ աշուղ Շերամ,
Էնքան պիտի յարիս կանչեմ,
Տեյմոր վառվիմ որպես Քյարամ:

Նա մի նազ ունի…

Գուսան Շերամ

ՁԱՅՆ ՄԸ ՀՆՉԵՑ

Ձայն մը հնչեց Էրզրումի հայոց լեռներեն,
Թունդ-թունդ ելան հայի սրտեր զենքի շաչյունեն:

Հայ գյուղացին դարուց ի վեր սուր զենք չը տեսած,
Դաշտը թողուց, սուր, հրացան բահի տեղն առավ:

Քնքուշ կյանքը ծանր է թվում հայ օրիորդին,
Զենքը ձեռքին հորդորում է հայոց քաջերին:

Հայ տիկինը ստիպում է ամուսնուն գնալ,,,
Պատերազմի դաշտի վրա վերք տալ՝ ստանալ:

Հայ ծերուկը ցուպը ձեռին լալով տենչում է,
Հայրենիքի ազատություն տեսնել ու մեռնել:

Լսեց թուրքը ու սառեցավ արյունը վատին,
Չէր երազել հային տեսնել նա այդ վիճակին:

Ցնծա', Մա'յր մեր, ո՜վ Հայաստան, որդիքդ միացան,
ՈՒթ դարերու սուգ ու թախիծ քեզնից վերացան:

ՈՒսումն ու լույս ազատության արդ քեզ են ընկեր,
Սուր, հրացան՝ եռանդ ռազմի,,, պաշտպան անվեհեր:

ՈՒրախացավ Մայր Հայաստան, ելավ կանգնեցավ,
Հին դարերու սուգ, տառապանք մի քիչ մեղմացավ:

ԼԵԲԼԵԲԻՋԻՆԵՐԻ ԽՄԲԵՐԳԸ

Հոր-հոր –

Մենք քաջ տոհմի զավակներն ենք, չենք վախի,
Մանր-մունր փորձանքներից չենք փախչի,
Մենք դեռ փոքրուց միշտ սիրել ենք քաջություն,
Ինչ էլ որ լինի, չենք հանդուրժի պարտություն:

Խումբը –

Մենք դեռ փոքրուց միշտ սիրել ենք քաջություն,
Ինչ էլ որ լինի, չենք հանդուրժի պարտություն:

Հոր-հոր –

Ուրեմն՝ հառաջ, զարկենք թմբուկ հաղթական,
Տանք թշնամուն մենք ծեծ ու ջարդ պատվական,
Թող իմանան՝ մենք չենք դառնա խաղալիք,
Այնպես պիտ ծեծենք, որ հիշեն հոր հարսանիք:

Խումբը -

Թող իմանան՝ մենք չենք դառնա խաղալիք,
Այնպես պիտ ծեծենք, որ հիշեն հոր հարսանիք:

Հոր-հոր –

Տոհմը մեր եղել է քաջերից քաջը,
Անարգել է կայծակների շառաչը,
Մենք էլ նրա զավակներն ենք հարազատ,
Էլ ուրիշ ժառանգ չկա, չկա մեզնից զատ:

Խումբը –

Մենք էլ նրա զավակներն ենք հարազատ,
Էլ ուրիշ ժառանգ չկա, չկա մեզնից զատ:

Հոր-հոր –

Ուրեմն՝ հառաջ, զարկենք թմբուկ հաղթական,
Տանք թշնամուն մենք ծեց ու ջարդ պատվական,
Թող իմանան՝ մենք չենք դառնա խաղալիք,
Այնպես պիտ ծեծենք, որ հիշեն հոր հարսանիք:

Խումբը –

Թող իմանան՝ մենք չենք դառնա խաղալիք,
Այնպես պիտ ծեծենք, որ հիշեն հոր հարսանիք:

Թ. Նալյան

ՏԱԼՎՈՐԻԿԻ ԿՏՐԻՃ

Տալվորիկի զավակ եմ դորթ,
Քաղքըցու պես չեմ թուլամորթ,
Սարի զավակ, քարի որդի՝
Հին քաջ հայոց եմ մընացորդ:

Տալվորիկի զավակ եմ քաջ,
Չեմ խոնարհիիր վատին առաջ,
Քարոտ լեռանց եմ ազատ լաճ՝
Չեմ տեսներ ո՛չ արոր, ո՛չ մաճ:

Հայ աղբրտիք, ջան, աղբրտիք,
Տալվորիկի զավակ եմ քաջ,
Ազատության սիրույն համար
Եկեք դեպ ինձ, յառա՛ջ, յառա՛ջ:

Թող այլք բնակին հովիտ ու դաշտ,
Վատ անգութին հետ լինին հաշտ,
Ես պիտի մնամ միշտ աննված,
Թեև վըրաս գա քըսան վաշտ:

Իսկի չքաշեմ բանի մը կարոտ,
Քանի ունիմ գնդակ, վառոդ,
Ազատ ապրիմ, մեռնիմ ազատ,
Սասնո որդին եմ հարազատ:

Հայ աղբրտիք,,,

Եվ իմ խելոք ջոջ պապ Հարե,
(Աստված հոգին լուսավորե)

Ինձ կը'սեր միշտ - "Աղքատ ապրե',
Բայց մի' ծռե վիզ, հարկ մի' վճարե":

Սակայն մի՞թե կրնա աղքատ
Կոչվիլ այն մարդ, որ է ազատ,
Մի՞թե կա բան մը ավելի թանկ`,
Քան անիշխան և ազատ կյանք:

Հայ աղբրտիք...

Մ. Տամատյան

ԿԱՐՆՈՅ ՇԱՐԺՈՒՄԸ

Ձայն մը հնչեց Էրզըրումի Հայոց լեռներէն,
Թունդ թունդ ելան Հայոց սրտեր զէնքի շաչիւնէն:
Հայ գիւղացին դարուց ի վեր սուր զէնք չը տեսած,
Դաշտը թողուց, սուր, հրացան բահի տեղն առաւ:
Ցնծա,՛ մայր մեր, ո՛վ Հայաստան, որդիքդ միացան,
Ութ դարերու սուգ ու թախիծ քեզնից վերացան:
Ուրախացաւ Մայր Հայաստան, ելաւ կանգնեցաւ
Հին դարերու սուգ, տառապանք մի քիչ մեղմացաւ:

ՀԱՅՈՑ ԱՂՋԻԿՆԵՐ

Հայոց աղջիկներ՝ ձեր հոգուն մատաղ,
Երբ միտս եք գալիս՝ ասում եմ ես ա՜խ,
Հալվում, հալվում եմ օտարության մեջ,
Ա՜խ, սիրտս խորվում, ցավիս չիկա վերջ:

Երբ կարմիր գինին բաժակումս ածած
Սեղանի վըրա առաջս է դըրած,
Աչքըս ակամա վըրան եմ ձըգում,
Ձեր սիրուն պատկերն եմ մեջը տեսնում:

Տեսնում եմ և, ա՜խ, միտքս է մոլորվում,
Դառն արտասունքով աչքըս պըղտորում,
Կարծում եմ բոլոր աշխարհին մըթնեց,
Արևն էլ խավրեց, էնդուր որ տխրեց:

Հայոց աղջիկներ, ձեր հոգուն մեռնեմ,
Ձեր սիրուն աչերն էլ ե՞րբ կըտեսնեմ,
Էն սև-սև աչերն՝ սև ունքով պատած,
Կարծես՝ երկնային ղալամով քաշած:

Էն սև-սև աչերն, որ շատին սպանեց,
Բայց էլի շատին դըժոխքից հանեց,
Ես էլ կենդանի տեղովս եմ մեռած,
Առանց կըրակի էրված, խորոված:

Էլ ե՞րբ կըտեսնեմ ես ձեզ ման գալիս.
Բաղ ու բաղչայում սեյրան անելիս,
Ինչտեղ ամոթից վարդն էլ է դեղնում,
Երբ որ ձեր կարմիր թըշերը տեսնում:

Բլբուլն էլ վարդից ձեր ձայնը լսելիս՝
Թռչում է, թռչում, ամպերում կորչում
Եւ իր Արարչի տեսածն ասելիս
Փա՜ռք քեզ, Տեր Աստված, փա՜ռք քեզ է կանչում:

Հայոց աղջիկներ՝ ի՞նչ անուն տամ ձեզ,
Թե հրեշտակ ասեմ՝ հրեշտակ չե՛մ տեսել,
Թե մարդ անվանեմ՝ բեղամաղ կանեմ,
Ուրեմն ի՞նչ անեմ, մոլորված եմ ես:

Մոլորված եմ ես օտար աշխարքում,
Հավատն էլ օտար, օտար և լեզուն,
Աղջիկն էլ օտար ու ձեզ չի նըման,
Հայոց աղջիկներ՝ դուք եք աննըման:

Ձեր սերն է միայն սըրտումս պահած,
Ձեր սիրով միայն եմ ես կենդանի,
Ձեր սերը միայն՝ էս կյանքս մաշված
Օտարության մեջ դեռ կըպահպանի:

Գևորգ Միրիմանյան

ԵՐԵՒԱՆԻ ՍԻՐՈՒՆ ԱՂՋԻԿ

Երևանի սիրուն աղջիկ, ունքերդ կամար,
Հաստատ գիտեմ որ սեր ունես պահած ինձ համար:

Գինին ձերքիս անուշ խաղով, քեզեմ ես կանչում,
Արի նազով, արի խաղով, ինչ ես ինձ տանջում:

Ինձ պես յար ունես, ոսկեզարդ ունես,
Երևանի անուշ աղջիկ, էլ ինչ դարդ ունես:
Ինձ պես անուշիկ ջահել յար ունես,
Երևանի անուշ աղջիկ, անգին քար ունես:

Աշուղ դարձած քեզ եմ կանչում,
Արի սեր անենք,
Քեզ իմ սիրո ծաղկած այգում,
Սրտիս տեղ անեմ,
Գինին ձերքիս անուշ խաղով,
Քեզեմ ես կանչում,
Արի նազով, արի խաղով, ինչ ես ինձ տանջում:

Ինձ պես յար ունես, ոսկեզարդ ունես,
Երևանի անուշ աղջիկ, է՞լ ինչ դարդ ունես:
Ինձ պես անուշիկ ջահել յար ունես,
Երևանի անուշ աղջիկ, անգին քար ունես:

ՔԵԼԵ, ՍԱԹՈ

Քելե՛, Սաթո, քելե՛,
Նազ է քու քելքը,
Շատ սիրուն ես, յար ջան,
Տարար իմ խելքը։

Քելե՛, Սաթո՛, քելե՛,
Ի՞նչ նազ ես անում,
Ոսկեթել մազերով
Փարվազ ես անում։

Սաթոն սարեն կուգա,
Շալկինը ժախ է,
Ոսկեթել մազերը
Թիկունքեն կախ է։

Քելե՛, Սաթո՛, քելե՛...

Սաթոն էկավ, կայնավ
Մեր սարի դոշը,
Մեղրել էր կարազը,
Փաթթել էր լոշը։

Քելե՛, Սաթո՛, քելե՛...

Քելե, Սաթո, քելե,
Խռով մի մնա,
Աշխարհը մեռնել կա,
Մեզ էլ չի մնա։

ԹԵԼԼՈ

Գնա, գնա, գալիս եմ,
Թելլո,
Ես քո թարգը տալիս չեմ,
Թելլո,

Աման, Թելլո, Թելլո ջան,
Սիրուն Թելլո, Թելլո ջան,
Թելլո:

Ես ի՞նչ անեմ, դուն արիր,
Թելլո,
Զոռով սավդի տեր արիր,
Թելլո,

Աման Թելլո, Թելլո ջան,
Սիրուն Թելլո, Թելլո ջան,
Թելլո:

Գնանք արտը, չանաք անենք,
Թելլո,
Դառնանք տունը, հանաք անենք,
Թելլո,

Աման, Թելլո, Թելլո ջան,
Սիրուն Թելլո, Թելլո ջան,
Թելլո:

Ա՛Յ ՍԱՐ ՈՒ ՍԵՅՐԱՆ

Ջաղացս մանի մանի,
Քունս անուշ կըտանի,
Ա՛յ սար ու սեյրան ու յար,
Մարալ ու ջեյրան ու յար,
Իմ յարը սարում, քոլում,
Իմ քունը ո՞նց կըտանի:
Ա՛յ սար ու սեյրան ու յար,
Մարալ ու ջեյրան ու յար,

Սարից զալիս ա քամի,
Դու չես մնում մի համի,
Ամեն աժող-չաժողի
Մի' թողնի հոգիս հանի:

Աղջի, ինադ մի' անի,
Վեր կաց կայնի դու բանի,
Ձեռդ տար սրտիս մեջը,
Դարդերս մեկ-մեկ հանի:

ՍԱՐԻ ՍԻՐՈՒՆ ԵԱՐ

Հազար նազով, յար, հովերի հետ եկ,
Ծաղիկ փնջելով սարվորի հետ եկ,
Սև ձիուս վրա տեսել,մոլոր մնացել:

Սարի սիրուն յար, սարի մեխակ բեր,
Ախ, չէ,ի՞նչ մեխակ, սիրո կրակ բեր:

Հազար մի ծաղկի մեջ ես մեծացել,
Ծաղկանց ցողերով մազերով թացել,
Մազերիդ բույրը հեռվից է գալիս,
Զեփույռը բերում սրտիս է տալիս:

Սարի սիրուն յար,սարի մեխակ բեր,
Ախ, չէ, ի՞նչ մեխակ, սիրո կրակ բեր
Երբ քո հայացքը երկնին ես հառում,
Վառ աստղերը ասես նոր լույս են առնում,
Քո ձայնն են առնում հավք ու հովերը,
Ախ ե՞րբ կառնեմ ես քո մատաղ սերը:

Սարի սիրուն յար,սարի մեխակ բեր,
Ախ, չէ, ի՞նչ մեխակ, սիրո կրակ բեր
Սարից է գալիս էս առվի ջուրը,
Բերում է, յար, քո բույրն ու համբույրը,
Աշոտ , թե կարաս քո երգի վահանգով
Յարիդ կախարդիր, թող տուն գա հանդով:

Սարի սիրուն յար, սարի մեխակ բեր,
Ախ, չէ, ի՞նչ մեխակ, սիրո կրակ բեր:

Գուսան Աշոտ

ԽՆՃՈՒՅՔԻ ԵՐԳ

Սեղանն է առատ,
Դիմացն՝ Արարատ,
Հնչում են երգեր
Ուրախ ու զվարթ:

Լցրե՛ք, ընկերնե՛ր,
Բաժակները լի,
Թող հայոց գինին
Մեզ անուշ լինի:

Փարք տանք Մայր Հողին,
Արևի շողին,
Գինի պարգևող
Հայոց խաղողին:

Լցրե՛ք, ընկերնե՛ր…

Փա՛ռք տանք նոր կյանքին,
Հողի մշակին,
Որ միշտ կանաչեն
Մեր դաշտն ու այգին:

Լցրե՛ք, ընկերնե՛ր…

Գովենք դարեդար
Աշխատանքն արդար,
Մեր մեծ աշխարհի
Արևը պայծառ:

Լցրե՛ք, ընկերնե՛ր…

ԵՐՆԵԿ ԹԷ ԱՅՍ ՆՈՐ ՏԱՐԻՆ

Երնեկ թէ այս Նոր տարին
Վերջ տար հայի ցաւերուն
Չարը կորչեր, ու բարին
Բուն դներ մեր սրտերին:

Երնեկ, թէ այս Նոր տարին
Ազատ շնչեր Հայաստան
Եւ շուրջ Մասիս մեր սարին
Փայլէին վարդ-անդաստան:

Երնեկ, թէ այս Նոր տարին
Հայ ազգի մի գումարուէր
Ի գլուխ Կարնոյ հայ ամրին,
Հայի դրոշակ ծածաներ:

Երնեկ թէ այս Նոր տարին
Վերջ տար հայի ցաւերուն
Չարը կորչեր, ու բարին
Բուն դներ մեր սրտերին:

Երնեկ թէ այս Նոր տարին
Ոտքի կանգնէր Հայաստան
Ու կիսաքանդ մեր Կարին
Լինէր քաղաք մեր ոստան:

Հայեր երբէք չերկմըտնիք,
Կը կատարուի այդ ամեն,
Եթէ ի սպառ մենք հանենք
Փոքրոգութիւն մեր սրտեն:

Երնեկ թէ այս Նոր տարին
Վերջ տար հայի ցաւերուն
Չարը կորչէր, ու բարին
Բուն դնէր մեր սրտերին:

Երնեկ, թէ այս Նոր տարին
Ազատ շնչէր Հայաստան
Եւ շուրջ Մասիս մեր սարին
Փայլէին վարդ-անդաստան:

Գամառ Քաթիպա

ՉՔՆԱՂ ԵՐԱԶ

Դու ինձ համար սիրո աղբյուր,
Ես քեզ համար՝ զուցե ոչինչ:
Դու ինձ համար երազ մաքուր,
Ես քեզ համար՝ զուցե ոչինչ:

Հեռվից ես քեզ գոնե տեսնեմ, սիրեմ,
Որպես կյանքիս չքնաղ երազ:
Արեգակին պետք է հեռվից նայել,
Կայրի, եթե շատ մոտենաս:

Կյանքում դու միշտ ուրախ մնա,
Եվ միշտ եղիր պայծառ ու ջինջ,
Ամբողջ մի կյանք սիրով կտամ,
Ես քեզ համար զուցե ոչինչ:

Հեռվից ես քեզ գոնե տեսնեմ, սիրեմ…

Ա. Սահակյան

ՍԵՐԸ ՉԻ ԾԵՐԱՆՈՒՄ

Դու ծաղիկ ես՝ բույրով ես հարուստ,
Դու արև ես՝ լույսով ես հարուստ,
Իմ սրտի մեջ հուրն է առաջին սիրո,
Իմ երազն է երազները քո:

Անցնում են օրեր և հեռանում,
Մեր սերը երբեք չի ծերանում:

Դու և մոտ ես և անչափ հեռու,
Դու իմ բախտն ես և իմ ցավն ես դու,
Արծաթվել են իմ մազերը կարոտից՝
Ինչպես մութը աստղի շողերից:

Անցնում են օրեր և հեռանում,
Մեր սերը երբեք չի ծերանում:

Նայում եմ քո բարի աչքերին,
Եվ դառնում եմ նորից քո գերին,
Արցունքներդ՝ գոհարներ են ու լույսեր,
Ամեն արցունք՝ սեր է, այրող սեր:

Անցնում են օրեր և հեռանում,
Մեր սերը երբեք չի ծերանում:

Կ. Օրբելյան

ՈՎ ՍԻՐՈՒՆ, ՍԻՐՈՒՆ

Ո՛վ սիրուն, սիրո՛ւն, երբ որ ես կրկին,
Հանդիպում եմ քեզ իմ ճանապարհին,
Նորից այրում են հուշերս անմար,
Նորից կորչում են և՛ քուն, և՛ դադար:

Ո՛վ սիրուն, սիրո՛ւն, ինչո՞ւ մոտեցար,
Սրտիս գաղտնիքը ինչո՞ւ իմացար.
Մի անմեղ սիրով ես քեզ սիրեցի,
Բայց դու, անիրա՛վ, ինչո՞ւ լքեցիր:

Ա՜խ, եթե տեսնեմ օրերից մի օր,
Դու ման ես գալիս տխուր ու մոլոր,
Ընկեր կդառնամ ես քո վշտերին,
Մենակ չեմ թողնի իմ կարոտ յարին:

Լ. Միրիջանյան

ԷՍ ԳԻՇԵՐ, ԼՈՒՍՆԵԱԿ ԳԻՇԵՐ

Էս գիշեր, լուսնակ գիշեր,
Վա՛յ, լե՛, լե՛, լե՛, լե՛,
Լե՛, լե՛, լե՛, լե՛, լե՛, լե՛,
Ձյունն եկեր, գետին նախշեր,
Ո՞վ է տեսել՝ սիրած յարը մոռանա,
Ով մոռանա, ջուխտ աչքերով կուրանա:

Թուշդ դեմ արա, պաչեմ,
Վա՛յ, լե՛, լե՛, լե՛, լե՛,
Լե՛, լե՛, լե՛, լե՛, լե՛, լե՛,
Կեռ ունքեր, սիրուն աչքեր,
Ո՞վ է տեսել՝ սիրած յարը մոռանա,
Ով մոռանա, ջուխտ աչքերով կուրանա:

Ա՛յ գիշեր, դարձիր տարի,
Վա՛յ, լե՛, լե՛, լե՛, լե՛,
Լե՛, լե՛, լե՛, լե՛, լե՛, լե՛,
Հացս թող լինի գարի,
Ո՞վ է տեսել՝ սիրած յարը մոռանա,
Ով մոռանա, ջուխտ աչքերով կուրանա:

Մենակ յարս ինձ համար,
Վա՛յ, լե՛, լե՛, լե՛, լե՛,
Լե՛, լե՛, լե՛, լե՛, լե՛, լե՛,
Սրտով խոսքը կատարի,
Ո՞վ է տեսել՝ սիրած յարը մոռանա,
Ով մոռանա, ջուխտ աչքերով կուրանա:

ԲԱՐԱԿ ԵՍ, ԲԱՐԴՈՒ ԾԱՌ ԵՍ

ԱՂՋԻԿ

Ելար, սարով գնացիր,
Իջար, ձորով գնացիր,
Չասիր, ղարիբ եարօ ջան,
Մնաս բարով, ջանեջան,
Մնաս բարով:

ՏՂԱՅ

Գնացի, սարն էղ քարոտ,
Իմ սիրտը՝ եարի կարօտ,
Քեզանից լաւը չը գտայ
Ու եկայ էլի քեզ մօտ:

ԱՂՋԻԿ

Բարակ ես, բարդու ծառ ես,
Կրակ ես, սիրտ կվառես,
Համ դու վառար, եարօ ջան,
Համ ինձ վառիր, ջանեջան,
Համ ինձ վառիր:

ՏՂԱՅ

Իմ անգին, իմ սիրունը,
Իմ կեանքի վառ գարունը,
Մի՛ վառվիր, մի՛ խորովիր,
Կը տանեմ քեզ իմ տունը:

ԱՂՋԻԿ

Իմ եարի տունը մօտ է,
Մեր ճամբան ալ վարդոտ է,
Դու իմ սէրը, եարօ ջան,
Սըրտիս տէրը, ջանեջան,
Սըրտիս տէրը։

ՏՂԱՅ

Գիշերը լույս-լույս գիշեր,
Սեւ աչեր, կարմիր թըշեր,
Ես իմ սիրածին տարա,
Տղերք, ձեզ բարի գիշեր։

ԼՈՒՍՆՅԱԿ ԳԻՇԵՐ

Լուսնյակ գիշեր,
Բոլորովին քուն չունեմ,
Ինձ տեսնողը կարծում է, թե
Տուն չունեմ, ա՜խ, տուն չունեմ:

Ա՜խ, ի՞նչ անեմ,
Ծնողներս չեն թողնում,
Գեթ մի վայրկյան հանգստանամ
Քո գրկում, ա՜խ, քո գրկում:

Մի՛ լար, մի՛ լար,
Մեռնեմ կամար ունքերիդ,
Արտասուքը վընաս կուտա
Աչերիդ, ա՜խ, աչերիդ:

Լուսնյակ գիշեր,
Բոլորովին քուն չունեմ,
Ինձ տեսնողը կարծում է, թե
Տուն չունեմ, ա՜խ, տուն չունեմ:

ՔԱ ԴԵ ԵՍԻՄ

Ընկերուհին. - Աղջի՛, ի՞նչի մարդ չես առնի.

Աղջ. - Քա դե՛ եսիմ, եսիմ, եսիմ.

Ընկ. - Վա՜յ թե կուզես՝ հերըդ չի տա.

Աղջ. - Քա դե եսիմ, եսիմ, եսիմ.
Մեկը ուզեց, ես չըհավնա,
Ուրիշ ուզող հըլա չըկա.
Հերըս կըսե քիչ մել մընա,
Ծախս ու մխսի փարա չըկա:

Ընկ. - Քեզի համար շատ են վառվել...

Աղջ. - Քա դե եսիմ, եսիմ, եսիմ.

Ընկ. - Վա՜յ թե տեսել՝ հետ են դառել.

Աղջ. - Քա դե եսիմ, եսիմ, եսիմ.
Էնօրտանքը ուզող եկավ,
Քիթ մըռութը դուրըս չեկավ.
Մերըս կըսե "շատ ջահել ես,
Քառսուն տարիդ թամամ չունես":

Ընկ. - Մերըդ կըսե "շատ ջահել ես,
Քառսուն տարիդ թամամ չունես",
Թամամ չունես, թամամ չունես...

ՊԱՏՐՈՆԴԱՇ

Պատրոնդաշս կապել եմ,
Փափախս ծուռ դրել եմ,
Բեղերս ոլորել եմ,
Նագանս կրակել եմ:

Գեղամիջին կանգնել եմ,
Աղջիկներին խաբել եմ:

Արփաչայի քնարը,
Յարիս ոսկե քամարը,
Արի՛ գնանք արտերը
Պատմեմ սրտիս դարդերը:

Գեղամիջին կանգնել եմ,
Աղջիկներին խաբել եմ:

Յար, արի, արդեն ուշ է,
Վարդերի բույրն անուշ է,
Թելիկ-թելիկ մազերով
Թաղլանս սարի դուշ է:

Գեղամիջին կանգնել եմ,
Աղջիկներին խաբել եմ:

ՔԵԶԱՆԻՑ ՄԱՍ ՉՈՒՆԻՄ

Քեզանից մաս չունիմ, կուրծքդ մի բանայ,
Ի զուր ինձ մի տանջիր, էլ չեմ դիմանայ,
Անսիրտ, անջիգեար, խեղճ եմ, ապիկար:

Մարմինդ է շքեղ, աչքերըդ կանթեղ,
Սրտեր են հալւում հայացքէդ ահեղ,
Ունքերըդ կամար, էրւայ քեզ համար,
Հագել ես նաշխուն, դառել սիրամարդգ:

Զաթի ես հիւանդ եմ, քեզնից ճար կ՛ուզեմ,
Մօտեցիր մէկ անգամ, դարդս քեզ ասեմ,
Անսիրտ, անջիգեար, խեղճ եմ, ապիկար:

Մարմինդ է շքեղ, աչքերըդ կանթեղ,
Սրտեր են հալւում հայացքէդ ահեղ,
Ունքերըդ կամար, էրւայ քեզ համար,
Հագել ես նաշխուն, դառել սիրամարգ:

ՀՈ՛Պ ԳԻԼԻԶԱՐ

Հո՛պ գիլի գիլ,
Հո՛պ գիլի գիլ Գիլիզար,
Շեկ ծամերըդ նախշուն լիզար,
Գիլիզար:

Ձիւն է գալում վերեւից,
Կաթկըթում է վերեւից,
Լավ օրերը սեւ անցաւ,
Անբախտ եարի երեսից:

Սեւ-սեւ ամպեր հեռացէք,
Իմ եարի ճամբայ բացէք,
Եար եարի հետ խօսելով,
Անկած արէք, լըսեցէք:

Ծաղի տակը փորեր եմ,
Գունդ-գունդ օսկի հորեր եմ,
Խաբար տարէք մայրիկիս,
Դիար, դիար կորել եմ:

ԳԻՆԻ ԼԻՑ

Մեր տուն ձեր տուն դիմաց, դիմաց,
Ես կը՞ խմեմ քուկին կենաց,
Գաւաթիս տակ բան չը մնաց,
        Գինի լից աղբէր, գինի լից,
        Խմողաց անուշ:

Գինիին պէս անուշ ի՞նչ կայ,
Համբոյրը ջերմ վարդ աղջկայ,
Սէր ու գինի, ա՛լ բան չկայ,
        Գինի լից աղբէր, գինի լից,
        Խմողաց անուշ:

Ես կը խմեմ երկու օխա,
Դուն կր խմես երեք օխա,
Եկուր անենք մէյ մէկ թօխա,
        Գինի լից աղբէր, գինի լից,
        Խմողաց անուշ:

Տւէք մեզի գինւոյ լաւը,
Խմենք, մոռնանք վիշտն ու ցաւը,
Չ՛արժեր Հոգալ ափ մը կաւը,
        Գինի լից աղբէր, գինի լից,
        Խմողաց անուշ:

ԼԷ ԵԱՄԱՆ

Շատ աղւորիկ աղջիկ ես,
Կարմիր վարդի փնջիկ ես,
Մօտեցիր հոտըդ առնեմ,
Քո դարդէն կը մեռնիմ ես:

Լէ եաման, լե լե եաման,
Լէ եաման, դու դու աննման,
Ամբողջ աշխարհ փնտրեցի,
Չը գտայ քեզի նման:

Կայներ կը նայիս ծովին,
Վարսերըդ տւած հովին,
Հազար երանի կուտամ,
Բարակ մէջքըդ գրկողին:

Լէ եաման, լե լե եաման, ...

Շնորհք ունիս կուսական,
Իմ մարալըս պատւական,
Հազար գեղեցիկ տեսնեմ,
Դու ես սրտիս սիրական:

Լէ եաման, լե լե եաման, ...

Ես քեզի շատ կը սիրեմ,
Ինչ որ ուզես կը բերեմ,
Մօտեցիր մարդ չը տեսներ,
Ճերմակ դոշըդ համբուրեմ:

Լէ եաման, լե լե եաման, ...

ՋԱՂԱՑԸՍ ՊԱՏԻԿ - ՊԱՏԻԿ

Ջաղացըս պատիկ-պատիկ,
Աչքերը նռան հատիկ,
Ամեն քեզի տեսնելիս
Հա'մ համբարձում, հա'մ զատիկ:

Ջաղացըս մանի-մանի,
Անուշ քունըս կըտանի,
Իմ յարը հանդում, չոլում,
Իմ քունը ո՞նց կտանի:

Ջաղացըս ման եմ տվել,
Սիրել եմ, ջան եմ տվել,
Յոթը տարի սիրություն,
Մեկ օր պայման եմ տվել:
…

ՄՈՐ ՍԻՐՏԸ

Կա հինավուրց մի զրույց,
Թե մի տղա,
Միամորիկ,
Սիրում էր մի աղջկա:

Աղջիկն ասավ և «Ինձ բնավ
Դու չես սիրում,
Թե չէ գնա՛,
Գնա՛ մորըդ սի՛րտը բեր»:

Տղան մոլոր, գլխիկոր
Քայլ առավ,
Լացեց, լացեց,
Աղջկա մոտ ետ դառավ:

Երբ նա տեսավ, զայրացավ.
— Է՛լ չերևաս
Շեմքիս, ասավ,
Մինչև սիրտը չըբերես:

Տղան գնաց և որսաց
Սարի այծյամ,
Սիրտը հանեց,
Բերեց տվեց աղջկան:

Երբ նա տեսավ, զայրացավ.
— Կորի՛ր աչքես,
Թե հարազատ
Մորըդ սիրտը չըբերես:

Տղան գնաց՝ մորն սպանեց,
Երբ վազ կըտար
Սիրտը՝ ձեռքին,
Ոտքը սահեց, ընկավ վար:

Եվ սիրտը մոր ասավ տխուր,
Լացակումած.
— Վա՜յ, խեղճ տղաս,
Ո՛չ մի տեղըդ չըցավա՞ց...

Ավետիք Իսահակյան

ԵՐԿԻՐ ՀՆԱՄՅԱ, ԵՐԿԻՐ ՀԱՅՐԵՆԻ

Երկիր հնամյա, երկիր հայրենի,
Ոչ մի աստղ պայծառ և ոչ մի լուսին,
Քո հավերժական հմայքը չունեն,
Լեռներից այն կողմ ամպերից անթիվ:

Որքան էլ քեզնից ես սուրամ հեռու,
Որքան էլ օտար հողերում լինեմ,
Անհունության մեջ միջոցին թափուր,
Ես քեզ կորոնեմ, հայրենի իմ տուն:

Դու առաջին սեր և վերջին կարոտ,
Հուշերի նման ուրախ ու ցավոտ,
Շրթերիս վրա կմնաս միշտ դու,
Մայրական համբույր, իմ կարոտ տխուր:

Երկիր հնամյա ,երկիր պապենի,
Քո ոգուց շաղված լեզու մայրենի,
Քո ոգուց բուսած տենչանք ու կարոտ,
Ինչ եմ առանց քեզ՝ միյան անտունի:

Ամպամած ձմեռ, թե պայծառ գարուն,
Արցունքի հովիտ կամ դրախտավայր,
Ես քեզ կտենչամ, ես քեզ կկանչեմ,
Ես քեզնով կապրեմ, հայրենի իմ տուն:

Երկիր հնամյա, երկիր պապենի,
Քո ոգուց շաղված լեզու մայրենի,
Քո ոգուց բուսած տենչանք ու կարոտ,
Ի՞նչ եմ առանց քեզ՝ միայն անտունի:

Մուշեղ Իշխան

Է՛Յ, ՋԱՆ - ՀԱՅՐԵՆԻՔ

Է՛յ, ջա՛ն-հայրենիք, ի՛նչքան սիրուն ես,
Սարերդ կորած երկնի մովի մէջ.
Ջրերդ՝ անո՛ւշ, հովերդ անո՛ւշ,
Մենակ բալէքդ արուն-ծովի մէջ:

Քու հողին մեռնեմ, անգի՛ն հայրենիք,
Ա՛խ, քիչ է, թէ որ մի կեանքով մեռնեմ.
Երնէ՛կ ունենամ հազար ու մի կեանք,
Հազարն է՛լ սրտանց քեզ մատաղ անեմ:

Ու հազար կեանքով քու դարդին մեռնեմ,
Բալէքիդ մատա՛ղ, մատաղ քու սիրուն.
Մենակ մի կեանքը թո՛ղ ինձի պահեմ.-
Է՛ն էլ քո փառքի գովքը երգելուն,-

Որ արտույտի պէս վե՛ր ու վե՛ր ճախրեմ
Նոր օրւայ ծէգիդ, ազի՛զ հայրենիք,
Ու անո՛ւշ երգեմ, բարձր ու զի՛լ գովեմ
Կանանչ արեւդ, ազա՛տ հայրենիք..

Ավետիք Իսահակյան

ՍԱՐԴԱՐԱՊԱՏ

Երբ չի մնում ելք ու ճար,
Խենթերն են գտնում հնար:
Այսպէս ծագեց, արեգակեց
Սարդարապատի մարտը մեծ:
Զանգեր, ղօղանջէք,
Սրբազան քաջերին կանչէք
Այս արդար պատից:
Սերունդնե՛ր, դուք ձեզ ճանաչէք
Սարդարապատից:

Աւարայրից ջանք առանք,
Այստեղ մի պահ կանգ առանք,
Որ շունչ առած՝ շունչներս տանք
Սարդարապատի պատի տակ:

Բայց մենք չընկանք, մենք միշտ կանք,
Մենք չհանգանք դեռ կը զանք,
Երբ տան զանգը, ահազանգը,
Որ մեր հոգու պարտքը տանք:

Պարույր Սևակ

ԱՆԴՐԱՆԻԿ ՓԱՇԱ

Անտարբեր մի դարձիր, լսիր հայ հառաչ,
Վե՛ր կաց գերեզմանից, Անդրանիկ փաշա,
Ընկիր դու հայկական զորքերի առաջ,
Վեր կաց գերեզմանից, Անդրանիկ փաշա:

Մատաղ լինեմ քեզ, Քեռուն ու Սմբատին,
Որ միշտ պաշտպան էին Հայկական Դատին,
Փրկարար բազուկդ շարժիր վերստին,
Վեր կաց գերեզմանից, Անդրանիկ փաշա:

Չեմ կարող հաշտվել այն վճռի հետ,
Որ այլոց պիտ մնան Մուշն ու Մուրադ գետ,
Հայերի զորավար, քաջ սպարապետ,
Վեր կաց գերեզմանից, Անդրանիկ փաշա:

Լսիր Հայրիկ երգչի աղերսաբանը,
Հարություն առ, պատռիր քո սուրբ դամբանը,
Քեզ է սպասում Հին Հայաստանը,
Վեր կաց գերեզմանից, Անդրանիկ փաշա:

Գուսան Հայրիկ

ՄԵՐ ՀԱՅՐԵՆԻՔ

Մեր Հայրենիք, ազատ, անկախ
Որ ապրել է դարէ դար
Իւր որդիքը արդ կանչում է
Ազատ, անկախ Հայաստան:

Ահա՝ եղբայր, քեզ մի դրօշ,
Որ իմ ձեռքով գործեցի
Գիշերները ես քուն չեղայ,
Արտասուքով լուացի:

Նայիր նրան երեք գոյնով,
Նուիրական մեր նշան,
Թող փողփողի թշնամու դէմ,
Թող միշտ պանծայ Հայաստան:

Ամենայն տեղ մահը մի է
Մարդ մի անգամ պիտ՝ մեռնի,
Բայց երանի՝ որ իւր ազգի
Ազատութեան կը զոհուի:

ՀԻՄԻ Է՞Լ ԼՌԵՆՔ

Հիմի է՞լ լռենք, եղբայրք, հիմի է՞լ,
Երբ մեր թշնամին իր սուրն է դրել,
Իր օրհասական սուրը մեր կրծքին,
Ականջ չի դնում մեր լաց ու կոծին,
Ասացէք, եղբայրք Հայեր՝ ի՞նչ անենք,–
Հիմի է՞լ լռենք։

Թող լռէ մունջը, անդամալոյծը,
Կամ որոնց քաղցր է թշնամու լուծը,
Բայց մենք, որ ունինք հոգի ու սիրտ քաջ,
Եկ, անվախ ելնենք թշնամու առաջ,
Գոնէ մեր փառքը մահով ետ խլենք
Ու այնպէս լռենք։

Ռաֆայէլ Պատկանեան

ԿԻԿՕՆ

Ջուխտ եզ ունիմ, կու տամ ծախու.
Քանի որ տան՝ պիտ ծախեմ.
Թիւֆէնկ մ՛առնեմ. զիմ Կիկոյին.
Տանեմ զրեմ ֆետայի:

Երեք ամիս մնաց ըլլայ.
Թամամ քսան մէկ տարա.
Զիմ Կիկոյին ի՞նչն է պակաս.
Որ չեն զրեր ֆետայի:

Ելիր լաօ. զէնքդ վերցուր.
Թողունք մեր շահն, աշխատանք.
Օտարէն մեզ ֆայտայ չկայ.
Ելիր. սազէ՛ քո թիւֆէնկ:

Ով Տէր Աստուած հոգիս չառնես,
Ես զիմ Կիկօն տեսնէի
Թեփն թիւֆէնկ, դոշին ֆիշէնկ.
Ա՛խ, այն օրը մեռնէի:

ԽՈՒԺԱՆ ԱՍԿԵԱՐ

Խուժան ասկեար զօրք է ժողվեր,
Եկել Մշոյ դաշտն է պատել
Սուլթան կուզէ ջնջել մզի
Զարթիր լաօ, մռնիմ քզի:

Խեղճ մշեցին մեռաւ լալով,
Օտար երկրներ ման գալով,
Մեռաւ թուրքին հարկը տալով,
Զարթիր լաօ, մռնիմ քզի:

Ինչ անիծեմ թուրք ասկեարին.
Որ սպանեց ջոջ Աբոյին,
Մեր յոյս թողեց օրօրոցին,
Զարթիր լաօ, մռնիմ քզի:

ԽԱՆԱՄՈՐԻ ՔԱՅԼԵՐԳ

Կուեցէ՛ք տղերք, կուեցէք քաջ-քաջ,
Անվեհեր կանգնած թշնամու առաջ,
Ցանկալի է մեզ միշտ ազնիւ մահը,
Հեռու մեզանից ոտխին ահը։
Յառաջ խիզախենք իբրեւ նահատակ,
Իզուր թող չանցնի մեզնից մի գնդակ։

Մեզ տօնախմբեն մեր նախնի քաջեր,
Մեզի կը սպասեն մեր հէք եղբայրներ։
Ազատ չծնանք, գէթ մեռնինք ազատ,
Մեր սիրտն ու հոգին պահենք անարատ,
Այս անգամին ալ ցոյց տանք թշնամուն,
Թէ ինչ է հայու ուժն ու քաջութիւն։

Մեռնինք յուսալով, մերն է ապագան,
Մեռնինք, բայց կեցցէ՝, կեցցէ՛, Հայաստան,
Այսպէս յորդորեց ու ինկաւ արին,
Թողնելով մեզ անուն յիշատակ բարին,
Ահեղ կուի մէջ մի փոքրիկ հերոս,
Անմոռանալի կտրիճ Մարտիրոս։

ԿԱՄԱՒՈՐԱԿԱՆ ՔԱՅԼԵՐԳ

Յառա՜ջ, նահատակ ցեղի անմահներ,
Վեց դարու անմոռ վրէժի զրահներ,
Կատարն հայրենի լերանց հեռագոյն,
Երթանք կոթողել դրօշակն եռագոյն:

Հսկայ նուիրման Տորմիղ հրաթեւ,
Կամաւոր բանակ,
Յառա՜ջ, յառաջ անսասան,
Յառա՜ջ անդեղեւ
Դէպի յաղթանակ, յաղթանակ:

Վատին սեւ արիւն մեր հողն ոռոգեց,
Տարագիր հայն իր կեանքը նորոգեց,
Երէկ՝ շղթայուած, այսօր՝ ինքնավար,
Յարեալ վեհօրէն դամբանէն խաւար:

Հսկայ նուիրման Տորմիղ հրաթեւ,
Կամաւոր բանակ,
Յառա՜ջ, յառաջ անսասան,
Յառա՜ջ անդեղեւ
Դէպի յաղթանակ, յաղթանակ:

ԱՐԱՔՍԻ ԱՐՏԱՍՈՒՔԸ

Մայր Արաքսի ափերով
Քայլամոլոր գընում եմ,
Հին-հին դարուց հիշատակ
Այյաց մեջը պըտրում եմ:

Բայց նոքա միշտ հեղհեղուկ,
Պըղտոր ջըրով եզերքին
Դարիվ-դարիվ խըփելով
Փախչում էին լալագին:

Արա՛քս, ինչո՞ւ ձըկանց հետ
Պար չես բռնում մանկական,
Դու դեռ ծովը չի հասած
Սըգավոր ես ինձ նըման:

Ինչո՞ւ արցունք ցայտում են
Քու սեգ, հըպարտ աչերից,
Ինչո՞ւ արագ փախչում ես
Այդ հարազատ ափերից:

Մի՛ պըղտորիլ հատակըդ,
Հանդարտ հոսե՛ խայտալով,
Մանկությունը քու կարճ է՝
Շուտ կհասնիս դեպի ծով:

Վարդի թըփեր թո՛ղ բուսնին
Քու հյուրընկալ ափի մոտ,
Սոխակները նոցա մեջ
Երգեն մինչև առավոտ:

Մըշտադալար ուռիներ
Սառ ծոցի մեջ քու ջըրին,
Ճկուն ոստըն ու տերն
Թող թաց անեն տապ օրին:

Ափերիդ մոտ երգելու
Հովիվք թո՛ղ գան համարձակ,
Գառն ու ուլը քու վըճիտ
Ջուրը մըտնին միշտ արձակ:

Մեջքը ուռցուց Արաքսը,
Փրփուր հանեց իր տակից,
Ամպի նըման գոռալով,
Էսպես խոսեց հատակից,

— Խիզա՛խ, անմի՛տ պատանի,
Նիրհըս ինչո՞ւ դարևոր
Վրդովում ես, նորոգում
Իմ ցավերը բյուրավոր:

Սիրելիի մահից հետ
Ե՞րբ ես տեսել, որ այրին
Ոտից գըլուխ պըճնվի
Իր զարդերով թանկագին:

Որի՞ համար զարդարվիմ,
Որի՞ աչքը հրապուրեմ,
Շատերն ինձ են ատելի,
Շատերին՝ ես օտար եմ,,,

Կար ժամանակ, որ ես էլ,
Շըքեղազարդ հարսի պես,

Հազար ու բյուր պըչրանքով
Փախչում էի ափերես:

Հատակըս պարզ ու վըճիտ,
Կոհակներըս ոլորուն,
Լուսաբերը մինչև այգ
Ջըրիս միջին էր լողում:

Ի՞նչըս մընաց էն օրից,
Ո՞ր ջըրամոտ գեղերըս,
Ո՞րը իմ շեն քաղաքից,
Ո՞ր բերկրալի տեղերըս:

Տուրքը ջըրի ամեն օր
Իր սուրբ ծոցեն Արարատ
Մայրախընամ ինձ սընունդ
Պարգևում է լիառատ:

Բայց ես այն սուրբ ջըրերով,
Սուրբ Ակոբի աղբյուրին,
Պիտի ցողեմ արտորա՞յք
Իմ ատելի օտարին,,,

Մինչ իմ որդիք,— ո՞վ գիտե—
Ծարավ, նոթի, անտերունչ
Օտար աշխարհ հածում են
Թույլ ոտքերով կիսաշունչ,,,

Հեռո՛ւ, հեռո՛ւ քըշեցին
Բընիկ ազգըն իմ Հայկյան,
Նորա տեղը ինձ տըվին
Ազգ անկըրոն, մոլեկան:

Դոցա՞ համար զարդարեմ
Իմ հյուրընկալ ափերը,
Եվ կամ՝ դոցա՞ հրապուրեմ
Ճըպռոտ, պըլշած աչերը:

Քանի որ իմ զավակունք
Այսպես կու մընան պանդուխտ՝
Ինձ միշտ սըգվոր կը տեսնեք,—
Այս է անխաբ իմ սուրբ ուխտ,,,

Էլ չի խոսեց Արաքսը,
Հորձանք տվեց ահագին,
Օղակ-օղակ օձի պես
Առաջ սողաց մոլեգին:

Ռաֆայել Պատկանյան

ՍԻՐԵՑԻ, ՅԱՐՍ ՏԱՐԱՆ

Սիրեցի, յարըս տարան,
Յարա տըվին ու տարան,
- Էս ի՞նչ զուլում աշխարհ է,
Պոկեցին սիրտս տարան:

Յավըս խորն է, ճար չը կա,
Ճար կա, ճար անող չը կա,
- Էս ի՞նչ զուլում աշխարհ է,
Սրտացավ ընկեր չը կա:

Լա՛վ օրերըս գընացի՛ն,
Ափսո՛ս ասին, գընացի՛ն,
- Էս ի՞նչ զուլում աշխարհ է,
Սև դարդերըս մընացին...

Ա. Իսահակյան

ՆՈՒՆԵ

Ես սիրել եմ մի աղջկայ,
Որի անունն էր Նունէ
Իմ Նունէին փախցրին տարան,
Ես մնացի առանց Նունէ:

Կրկն.-Նունէ, Նունէ, Նունէ
Արի ինձ սիրէ:

Հանդիպել եմ շատ շատերին,
Բայց սիրել եմ իմ Նունէին, Առանց
Նունէ ես կեանք չունեմ, Առանց
Նունէ ես սէր չունեմ:

Կրկն.-Նունէ, Նունէ, Նունէ
Արի ինձ սիրէ:

Եկէք տղերք մի ճար անենք, Իմ
Նունէին փախցնենք բերենք,
Թէ չէ այս անբախտ աշխարհում,
Ես կը մեռնեմ առանց Նունէ:

Կրկն.-Նունէ, Նունէ, Նունէ
Արի ինձ սիրէ:

ՉՈԼԻ ՋԷՅՐԱՆ

Իմ կեանք ու սէր սիրուն աղջիկ,
Սիրուն աղջիկ, ալւան ծաղիկ,
Ալւած ծաղիկ, սիրուն եղնիկ.
Արի սէյրան, չոլի ջէյրան,
Չոլի ջէյրան, ես քեզ ղուրբան:
Ձայնդ քաղցրը, լեզուդ անուշ,
Լեզուդ անուշ,բադամ ու նուշ,
Բադամ ու նուշ, դու մեղրաթուշ.
Արի սէյրան, չոլի ջէյրան,
Չոլի ջէյրան, ես քեզ ղուրբան:
Հաւասն եմ, քեզ խնդիր կանեմ,
Խնդիր կանեմ, կեանք տուր՝ ապրեմ,
Կեանք տուր՝ ապրեմ, որ չմեռնեմ.
Արի սէյրան, չոլի ջէյրան.
Չոլի ջէյրան, ես քեզ ղուրբան:

Գուսան Հաւասի

ՈՉ ՄԻ ԾԱՂԻԿ ՔՈ ԲՈՒՐՄՈՒՆՔԸ ՉՈՒՆԻ

Աշուղ եմ էդ քո սեւ-սեւ աչերից,
Էդ անուշ լեզուից, կեռ-կեռ ունքերից,
Մուշ ու ամբար էդ երկար ծամերից,

Ոչ մի ծաղիկ քո բուրմունքը չունի,
Ոչ մի մայր քեզ պէս գեռզալ չի ծնի:

Բերանըդ աղբիւր, ատամդ զարդ է,
Այտերըդ մարմար, կարծես թէ վարդ է,
Քեզ առնողը բախտաւոր մարդ է,

Ոչ մի ծաղիկ քո բուրմունքը չունի,
Ոչ մի մայր քեզ պէս գեռզալ չի ծնի:

Քո մօրը մատաղ՝ որ նա քեզ բերեց,
Աշխարհիս միայն մի փերի յանձնեց,
Աշուղ Աշոտի նա երգիչ դարձրեց,

Ոչ մի ծաղիկ քո բուրմունքը չունի,
Ոչ մի մայր քեզ պէս գեռզալ չի ծնի:

Գուսան Աշոտ

ՊՃԻՆԿՈ

Արև ըլլամ՝ ծաթիմ, մարիմ վերևեդ,
Կակ շուք ըլլամ՝ աճիմ, հատնիմ քեզի հետ,
Դեմքիդ մատաղ, ա՛յ սիրական,
Քայլերուդ հետ, ծաղկե ծաղիկ վետ ի վետ:

Օ՜յ, օ՜յ, օ՜յ, օ՜յ, պճինկո՜, պճինկո՜, պճինկո՜,
Օ՜յ, օ՜յ, օ՜յ, օ՜յ, պճինկո՜, պճինկո՜, պճինկո՜...

Ես՝ արեգակ, դու ես ծովը ծիրանի,
Հալինք, լեցվինք իրար ծոցը հոլանի,
Հովը երգե, ա՛յ սիրական,
Հազար լարով, հազար անգամ երանի:

Օ՜յ, օ՜յ, օ՜յ, օ՜յ, պճինկո՜, պճինկո՜, պճինկո՜...

Արո՛ւ, թե էգ, երկո՛ւ, թե մեկ մարմին ենք,
Արու և էգ ձագ ու թոռներ կհանենք,
Մեր աշխարհի չորս ծագերուն
Արևի պես բոց ու բարի կշարենք:

Օ՜յ, օ՜յ, օ՜յ, օ՜յ, պճինկո՜, պճինկո՜, պճինկո՜...

Խոսք՝ Տ. Չիթունու

ՊԵՊՈՅԻ ԵՐԳԸ

("Պեպո" կինոնկարից)

Դամբը ձեռիս աշխատում իմ,
Հալալ աշխատանքս իմ ուտում,
Վա՜յ էն մարդին, որ աշխարհում
Խալխի դատած հացն է ուտում:

Հալալ մարդու սիրտը ուրախ,
Ճակատը միշտ բաց է ըլում,
Վայ էն մարդին, որ համ գըլում,
Համ էլ անկուշտ լաց է ըլում:

Դամբը ձեռիս ջուրն իմ մտնում,
Ձեռքս ու ոտս թաց է ըլում,
Հալալ արյուն-քրտինք թափում,
Քիրս ու դեղիս լաց են իլում:

Լուսնյակը՝ լուս, գիշեր՝ խավար,
Առավոտը բաց է ըլում,
Խլբլթալեն լոթի ձկներ
Բազարումը հաց ին ըլում:

Ե. Չարենց

ՅԱՐ, ԱՌԱՆՑ ՔԵԶ ԻՆՉԻ՞Ս Է ՊԵՏՔ

Հազար տարվա կյանք թե ինձ տան,
Յա՛ր, առանց քեզ ինչի՞ս է պետք,
Հազար ու մի փառք թե ինձ տան,
Յա՛ր, առանց քեզ ինչի՞ս է պետք:

Դու իմ արև անուշ գարնան,
Շաղ ու անձրև ջահելության,
Հազար աստղեր թե որ ինձ տան,
Յա՛ր, առանց քեզ ինչի՞ս է պետք:

Հազար կանաչ արտեր ինձ տան,
Հազար անուշ վարդեր ինձ տան,
Հազար անգին զարդեր ինձ տան,
Յա՛ր, առանց քեզ ինչի՞ս է պետք:

Հազար կարոտ, հազար մուրազ
Ունեմ սրտիս, ո՛վ իմ երազ,
Հազար դրախտ Աշոտիս տան,
Յա՛ր, առանց քեզ ինչի՞ս է պետք:

Գուսան Աշոտ

ՅԱՐԻՍ

Մի յար ունեմ շիկահեր,
Լուրթ աչքերով կապուտակ,
Կըրծքում անհուն ջերմ ու սեր,
Ծովերի պես անհատակ։

Ջահել է նա գարնան պես,
Գարնան անուշ հովի պես,
Սրտում վարար խինդ ու սեր,
Ալ ու ալվան ծաղիկներ։

Մի յար ունեմ շիկահեր,
Լուրթ աչքերով կապուտակ,
Կըրծքում անհուն ջերմ ու սեր,
Ծովերի պես անհատակ։

Մ. Մելիքյան

ՃՈՃԱՆ

Քամին յանա, քամին յանա-յանա՛,
Քամին զարնե ճերմակ դոշդ բանա:
Քամին յանա, քամին յանա-յանա՛,
Արև զարնե ճերմակ դոշդ սևվնա:

Քամին յանա, քամին յանա-յանա՛,
Քամին զարնե սիրտս քեզնից հովնա:
Քամին յանա, քամին յանա-յանա՛,
Էրված աղջիկ, ինձ մտքիցդ հանա:

Քամին յանա, քամին յանա-յանա՛,
Քամին զարնե ճերմակ դոշդ բանա:
Քամին յանա, քամին յանա-յանա՛,
Արև զարնե ճերմակ դոշդ սևվնա:

Վ. Հարությունյան

ՄԱՄԵՆ ՄԱԾՈՒՆ ՄԵՐԵԼ Է

Մամեն մածուն մերել է,
Ծառի հովին դրել է,
Փեսեքին տուն բերել է...
Անտեր մնա զող կատուն,
Փեսոց փայը կերել է:

Մամեն հավեր մորթել է,
Մեկիկ-մեկիկ փետրել է,
Թոնրի շուրթին դրել է...
Ախ, կրակին ի՞նչ ասեմ,
Չաղլիկ հավերն էրել է:

Մամեն գինին բացել է,
Թասերի մեջ ածել է,
Փեսեքին պարծեցել է...
- Ի՞նչ իմանար խեղճ մամեն,
Որ ալ գինին քացխել է:

Փեսեք թողին գնացին,
Մամեն, հարսներ մնացին,
Նստած լացին ու լացին,
Էն զող կատվին բռնեցին,
Էն քացախով խեղդեցին,
Էն կրակով էրեցին,
Փեսոց նորից բերեցին,
Փեսոց սրտեր շահեցին,
Աշխարհի հարսնիք արեցին,
Հասան իրենց մուրազին:

ՂԱՓԱՄԱ (Ախալցխայի շրջ. խնջույքի երգ)

Հրավեր ուներ Արտաշը,
Ղարսեն բերին կարկաշը,
Ճամփե արի քեռեկին,
Ղափամա էփե Սերակին:

Ջան ղափամա, ղափամա,
Անուշ եղով ղափամա,
Սյուզմա մեղրով ղափամա,
Ջան ղափամա, ղափամա:

Հրավերները տպած էր,
Ղափամեն տակը կպած էր,
Տես, որ տերը չիմացավ,
Չըկերած՝ ասլան դարձավ:

Ջան ղափամա, ղափամա…

Գինին սեղանին դըրին,
Ղափամեն ետկեն բերին,
Արդահանա եղովը
Կարմրած էր տեղովը:

Ջան ղափամա, ղափամա…

Կերան, կերան պարպեցին,
Գինին խմին հարբեցին,
Կըլոր խաղը սարքեցին,
Ծափ տվեցին պարեցին:

Ջան ղափամա, ղափամա…

ՀԱՅԻ ԱՉՔԵՐ

Հայի աչքեր, սիրո՛ւն աչքեր,
Սև ամպն էր ձեզ ծածկել դարեր,
Սև վիշտն էր ձեզ մաշել, տանջել,
Ձեզնից ժպիտն առել-տարել:

Լույսի լճակ՝
Աչքեր տրտում
Այս ե՞րբ դարձաք
Այսպես խնդուն:

Հայի աչքեր, աչքեր թախծող,
Դուք միշտ խոնարհ, դուք միշտ անչար,
Տանջվող մարդու համար լացող,
Տարին միայն մի օր պայծառ:

Լույսի լճակ…

Հայի աչքեր՝ ջահեր հույսի,
Էլ չի մթնի երկինքը ձեր,
Բացվել է դուռն արշալույսի՝
Շողով լցրել երկիրը մեր:

Լույսի լճակ…

Սարմեն

ՀԱՎԱՏՈՒՄ ԵՄ ԵՍ ԵՎ ՉԵՄ ՀԱՎԱՏՈՒՄ

Մի կարծիր, թե ես չեմ կարող կյանքում
Քեզ կարոտ սրտիս գաղտնիքն ասել,
Հավատում եմ ես և չեմ հավատում,
Թե կանչում են ինձ աչքերդ սև,
Հավատում եմ ես և չեմ հավատում,
Թե կանչում են ինձ աչքերդ վառ ու սև:

Երբ տերևն աշնան մեր ուղին պատում,
Ու ծածկում է մեզ, շոյում թեթև,

Հավատում եմ ես և չեմ հավատում...

Երբ տեսնում եմ քեզ, տոն է իմ սրտում,
Եվ աշխարհին աչքիս հեքիաթ է լուսե,

Հավատում եմ ես և չեմ հավատում
Թե կանչում են ինձ աչերդ սև,
Հավատում եմ ես և չեմ հավատում՝
Թե կանչում են ինձ աչերդ վառ ու սև:
- Երազ ու սեր,
Աչքերդ սև...

Հ. Ղուկասյան

ՀՈՐՈՎԵԼ

Հո, հորովել, հո, հո, հո, հորովել,
Լուսը բացվեց, բարին բացվեց,
Հո, եզո ջան, հորովել, հո, եզո ջան,
Քաշիր, քաշիր, ուսիդ մատաղ,
Հորի լորի, լորո, լորի լորի հորովել, հո,
Հորովել հո:

Վար-վար արա, ակոս արա, եզո ջան, ախպեր ջան,
Հո, հորովել, հորի լորի, լորո լրոի հորովել,
Հորի լորի, լորո լորի ջան:

Քաշիր, քաշիր, ուսիդ մատաղ, եզո ջան, ախպեր ջան,
Հո, հորովել, հորի լորի, լորո լրոի հորովել,
Հորի լորի, լորո լորի ջան:

Ցորենն ինձի դարմանը՝ քեզ, եզո ջան, ախպեր ջան,
Հո, հորովել, հորի լորի, լորո լրոի հորովել,
Հորի լորի, լորո լորի ջան:

ՀԱՄԲԱՐՁՈՒՄ ՅԱՅԼԱ

Համբարձում եկավ, ծաղկունքը ալվան,
Զուգել են հանդեր նախշուն գորգերով,
Փունջ-փունջ աղջիկներ սարերը ելան,
Վիճակ հանելու, աշխույժ երգերով:

Համբարձում յայլա,
Յայլա ջան, յայլա,
Լավ օրեր, յայլա,
Յայլա ջան, յայլա:

Երգ ու բույր խառնած,
Թև թևի տված,
Զուգում են լեռներ,
Ծաղիկ են քաղում,
Ծաղկի հետ խաղում
Ինչպես թիթեռներ:

Համբարձում յայլա,
Յայլա ջան, յայլա,
Լավ օրեր, յայլա,
Յայլա ջան, յայլա:

Հ. Թումանյան

ԿՌՈՒՆԿ ՀԱՅԱՍՏԱՆԻ

Բարով եկար, սիրուն կռունկ,
Ի՞նչ լուր բերիր հայրենիքես,
Խոսի'ր ինձ հետ ազատորեն,
Կյանքս կնվիրեմ ես քեզ:

Տեսա՞ր իմ հայրենյաց տունը,
Գեղեցիկ զարդարված բույնը,
Նորա սիրուն ես տանջված եմ,
Աչքերիցս կտրավ քունը:

Ազատ տեսա՞ր մեր լեռները,
Հաղորդեցի՞ր դու իմ սերը,
Այն լեռներու պաշտպանողը`
Արծըվի կորյուն ճտերը:

Տեսա՞ր մեր փոքրիկ բուրաստան,
Վարդ, մեխակ, շուշաններ շատ կան,
Եդեմական դրախտավայր, -
Նա կոչվում է Մայր-Հայաստան:

- Այնտեղ ունիս եղբայր ու քույր,
Միջազ, ի՞նչ կսպասես իզուր,
Արի', առնեմ իմ թևերուն,
Գնանք, այնտեղ ուրախացուր:

Միջազի

ԿՈԼԽՈԶՆԻԿ ՅԱՐ

Տղա, -

Խեթ մի նայիր դու իմ սրտին, ա'յ անջիգյար, նազլու աղջիկ,
Արև տուր իմ սիրո սրտին քո հայացքով պարզ ու վճիտ:

Սըրտով սիրած կոլխոզնիկ յար,
Հոգիս չունի քուն ու դադար:

Աղջիկ, -

Արտի տղա, սրտիս վրա էդ քո խոսքը կըմռմռա,
Բարի աչքով նայիր դու ինձ, քար մի զցի սըրտիս վըրա:

Սըրտով սիրած կոլխոզնիկ յար,
Հոգիս չունի քուն ու դադար:

Տղա, -

Հնձվոր եմ ես, հունձ եմ անում, վերից արևն է ինձ նայում,
Ներսից սիրտդ է հոգիս հանում, ա'յ անջիգյար, չես խնայում:

Սըրտով սիրած կոլխոզնիկ յար,
Հոգիս չունի քուն ու դադար:

Աղջիկ, -

Հնձվոր, ծուռ բան մի' մտածի, հոգուդ հետ լոկ խաղ եմ անում:
Սըրտով սիրած կոլխոզնիկ յար,
Հոգիս չունի քուն ու դադար:

Տղա, -

Դե, ասա', որ նազ ես անում, ինձ քո ձերքին սազ ես անում,
Միրտըս փըշրում, կոխոտում ես, հողին հավասար ես անում:

Սըրտով սիրած կոլխոզնիկ յար,
Հոգիս չունի քուն ու դադար:

Աղջիկ, -

Արտի տղա, մի' նեղանա, հեչ կատակի չե՞ս դիմանա,
Ես քո սրտին արև կըտամ, գեղում հալա մարդ չիմանա...

Սըրտով սիրած կոլխոզնիկ յար,
Հոգիս չունի քուն ու դադար:

Գ. Սարյան

ԿԱՊՈՒՅՏ ԹՌՉՈՒՆ

Մի հեռավոր կապույտ թռչուն,
Մի բարալիկ, տխուր ուռի,
Քնած է կտուրը մեր տան,
Լուսնյակի մեջ ու լազուրի:

Առուն զնում է սիրտը ելած,
Տանում է լույս երազանքներ,
Երկինքն ի վար՝ աստղերի լաց
Ու աստղային տխուր զանգեր:

Երկինքն ի վար՝ ամենամեծ,
Ամենատաք, ամենահուր
Ասուպն ընկել իմ սրտի մեջ
Ու սրտիս հետ մխում է լուռ:

Մի մոլորված կապույտ թռչուն,
Մի բարալիկ տխուր ուռի,
Մի աստղային անքնություն
Լուսնյակի մեջ ու լազուրի:

Վ. Դավթյան

ԽՆՁՈՐԻ ԾԱՌԻ ՏԱԿԻՆ

Խընձորի ծառի տակին,
Խընձորի ծառի տակին,
Ես իմ յարը սիրեցի,
Խընձորի ծառի տակին,
Խընձորի ծառի տակին:

Յար ջան, դու բարով եկար,
Կարմիր սոլերով եկար,
Հե՜յ խորոտիկ իմ յարըս,
Հե՜յ անուշիկ իմ յարըս,
Խնջիկ մնջիկ մի անի,
Խընձորի ծառի տակին:

Ծառեր դուք իրար միք տա,
Ճըղեր, դուք էլ բար միք տա,
Ես իմ յարը սիրեցի,
Խընձորի ծառի տակին,
Խընձորի ծառի տակին:

Յար ջան, դու բարով եկար…

ԱՂՋԻ ԴՈՒ ՀՈՒՐ ԵՍ

Աղջի, դու հուր ես, մուր ես,
Ես ծարաւ եմ դու ջուր ես,
Էս Համբարձման գիշերը,
Քեզ ման կըգամ, դու ո՞ւր ես:

Խրնձորը գլորել եմ,
Ճամբիցը մոլորել եմ ,
Երեք տարի միալար
Քեզ վրրայ սովորել եմ:

Ամպաշող լուսնի նըման,
Խաղ ասելով կըգաս ման,
Իմ պայմանը քեզ պահէ,
Դու ե՞րբ կըտաս քու պայման:

Սազն առնեմ ձեռըս, քոքեմ,
Գամ ձեր դըռանը չոքեմ,
Ընի թէ մի հնարքով
Քեզ էնտեղից ես պոկեմ:

ԻՄԱԼ ԷՆԵՄ

Մի յար ունեմ հավի ճուտ ա,
Կուտ կթաբլեմ, կուգա կուտա:
Ախ ի՞նչ էնեմ, իմա՞լ էնեմ,
Յար պզտիկ է, շվարել եմ:

Քեզի մեռնեմ խաթուն կեսուր,
Ծծկեր բալիդ խրատ մը տուր,
Թե պիտ պառկեր գոմշի մսուր,
Ինչո՞ւ ձեր տուն բերեց իզուր:

Իմ հեր թամահ արավ փողին,
Իզուր տվեց զրկանոցին,
Էս տան ոսկին ու մարգարիտ
Հարամ կենա իրենց գլխին:

Խաթուն կեսուր, շուտ վեր էլի,
Արի գնա մի մաղ ճարի,
Որ իմ էրկան հող տի մաղեմ,
Իրիկուն էլավ տակը փռեմ:

Ախ ի՞նչ էնեմ, իմալ էնեմ,
Սարեր ձուն ա մոլորել եմ,
Ախ ի՞նչ էնեմ, իմալ էնեմ,
Յար պզտիկ ա, շվարել եմ:

ԶԵՅԹՈՒՆՑՈՑ ՔԱՅԼԵՐԳԸ

Արևն ելավ, Զեյթունցինե՛ր,
Դեհ ձի հեծնենք, առնենք զենքեր, դիմենք առաջ,
Ինչո՞ւ, ինչո՞ւ գլուխ ծռենք
Բռնավորին մեր վիզ պարզած:

Զեյթունցի ենք, մեր սփոփանք
Են պատերազմ և արշավանք,
Սուր, թուր, գնդակ և հրացան
Են խաղալիք մեր հավիտյան:

Ամբողջ հինգ դար գերի ենք մենք,
Մեր շղթայք մենք պատրաստեր ենք,
Ինչո՞ւ այժմեն մենք չստիպենք
Մեր գերողին կրելու զայն:

Կեցցե՛ Զեյթուն, ապրի՛ Զեյթուն,
Թող չտեսնե ստրկություն,
Քանի ունի մեզ պես որդիք,
Ապրի՛ Զեյթուն, կեցցե՛ Զեյթուն:

Հ. Չաքրյան

ԵՐԳ ԳԻՆՈՒ ՄԱՍԻՆ

Ուրախ կյանքի ընկերն եմ ես,
Ես գինին եմ, գինին, գինին,
Մի թաս գինին մի կյանք է քեզ,
Մեկից ավելն ահ է կյանքին:

Մի թասը լավ է,
Երկուսը բավ է,
Բայց լավ իմացիր,
Երրորդը ցավ է:

Ով խմում է հատիկ-հատիկ
Նա դառնում է նռան հատիկ,
Ով խմում է բազմապատիկ,
Նա զարկում է պատեպատիկ:

Մի թասը լավ է...

Կյանքում այսպես ամեն մի բան
Չափի մեջ է միշտ գեղեցիկ,
Նույնիսկ բաժակն ուրախության,
Իր չապփն ունի, անչա'փ մարդիկ:

Մի թասը լավ է...

Հ. Շիրազ

ԳԱԼԻՍ ԵՄ ԴՈՒՌԴ
(Մեջս կյանք չմնաց)

Գալիս եմ դուռդ իբրև մերկ աղքատ,
Մի լինիր անսիրտ, եղիր գթառատ,
Ողորմած էիր, ինչո՞ւ քարացար,
Խղճով ու սրտով մի՞թե կուրացար:

Մեջս կյանք չմնաց,
Հալվեց, մաշվեց, գնաց,
Առանց քեզ չի փայլի
Աստղը իմ կենաց:

Սիրո գեհենում այրվում եմ արդեն,
Դժվար է զատվել քեզ նման վարդեն,
Ծնվեցիր, եկար լույս-ազատ աշխարհ,
Հասիր, ինձ փրկե, դարձի՛ր բարերար:

Մեջս կյանք չմնաց...

Դուն հրեշտակ ես, չքնա՛ղ դիցուհի,
Բոլոր սիրունաց սիրուն թագուհի,
Քեզ պիտի երգեմ, յա՛ր, քեզ հավիտյան,
Մինչև քո ձեռքով դրկես գերեզման:

Մեջս կյանք չմնաց...

Գուսան Շերամ

Ա՛Խ, ԻՄ ՃԱՄՓԵՍ

Ա՛խ, իմ ճամփես մոլոր գնաց,
Անտակ ծովին դեմ առա,
Վա՛խ, իմ սերս անցա՛վ, գնա՛ց,
Ետ կանչելու ճար չկա:

Դումանն եկավ, ծովը ծածկեց,
Էն խաս հավքերն ի՞նչ եղան,
Դարդը եկավ, սիրտս ծածկեց,
Էն ալ-վարդերս ի՞նչ եղան:

Ա՛խ, խաս հավքերն ծովում խեղդվան,
Ազռավն վրես կղռռա,
Սիրուս զառ-վառ վարդերն թոռման,
Բլբուլս անթև կսզա...

Ա. Իսահակյան

Ա՜Յ ՎԱՐԴ

Ա՜յ վարդ, լըսիր աղաչանքիս,
Թույլ տուր թփից քեզ պոկեմ,
Եվ քեզանով սիրած կուսիս
Չըքնաղ կուրծքը զարդարեմ:

Մի՛ վախենար, նըրա կրծքին
Չես թառամիլ, քընքուշ վարդ,
Այնտեղ մատաղ կըրծքի տակին
Կյանքի աղբյուր կա առատ:

Ա՜յ վարդ, պատմիր նրան հուշիկ
Իմ հուր տենչանք ու հույսեր,
Թող բուրմունքով քո անուշիկ
Նըրա սըրտում զարթնի սեր:

Մի՛ վախենար, նըրա կրծքին
Չես թառամիլ, քընքուշ վարդ,
Այնտեղ մատաղ կըրծքի տակին
Կյանքի աղբյուր կա առատ:

Ա. Ծատուրյան

Ա՜Յ ԿՆԻԿ, ՋԱՆ ԿՆԻԿ

Մածուն կ՛ուզեմ, թան կը բերես,
Ա՛յ կնիկ, քու հոր խերն անիծեմ.

Ա՛յ կնիկ,
Չար կնիկ,
Գէ՛շ կնիկ, քու հոր խերն անիծեմ,
Ա՛յ կնիկ, քու հոր խերն անիծեմ.

Պլպլան քթիղ խալխա կ՛ուզես՝
Ա՛յ կնիկ, քու հոր խերն անիծեմ.
Ա՛յ կնիկ,
Չար կնիկ,
Գէ՛շ կնիկ, քու հոր խերն անիծեմ,
Ա՛յ կնիկ, քու հոր խերն անիծեմ.

Քէլէչ գլխիդ եազմա կ՛ուզես,
Ա՛յ կնիկ, քու հոր խերն անիծեմ.
Ա՛յ կնիկ,
Չար կնիկ,
Գէ՛շ կնիկ, քու հոր խերն անիծեմ,
Ա՛յ կնիկ, քու հոր խերն անիծեմ.

Ծուռ ոտքերուդ կօշիկ կ՛ուզես,
Ա՛յ կնիկ, քու հոր խերն անիծեմ.
Ա՛յ կնիկ,
Չար կնիկ,
Գէ՛շ կնիկ, քու հոր խերն անիծեմ,
Ա՛յ կնիկ, քու հոր խերն անիծեմ.

ԱՆԴՐԱՆԻԿԻՆ

Թշնամիներդ երբ լսեն քո անունը՝
Օձերի պես պիտ սողան իրենց բունը,
Երակներիդ ազնիվ քաջի արյունը
Չցամաքի' մինչ հավիտյան, Անդրանի'կ:

Հայոց կուսանք դափնեպսակ թող հյուսեն,
Քնքույշ ձեռքով քո ճակատը պըսակեն,
Գոհարներով անվախ կուրծքըդ զարդարեն,
Կեցցե'ս հավետ դու, անսասան Անդրանիկ:

Հայաստանի սոխակները քեզ համար
Թող դայլայլեն գիշեր-ցերեկ անդադար,
Անհաղթ մնաս դու, քաջության սիրահար,
Հայրենիքի անմահ հերոս Անդրանի'կ:

Գուսան Շերամ

ԱԽ ԻՆՉ ԱՆԵՄ

Ինչու՞ իմ այգին ընկար,
Ինչու՞ իմ աչքին ընկար,
Առանց դուռը թակելու
Իմ ջահել հոգին ընկար:

Ախ ,ի՞նչ անեմ ,
ի՞նչ անեմ,
Ճարը գիտեմ ճար չունեմ,
Ոչ իմ հոգուց դուրս են գալիս,
Ոչ քո հոգում տեղ են տալիս,
Այ իմ անսիրտ,այ իմ անսիրտ,
Իմ անգին:

Ինչու՞ ինձ հետ չես խոսում,
Բայց գալիս ես երազում,
Զրուցում ես մինչև լույս,
Սիրում-սիրում ու հուզում

Ախ ,ի՞նչ անեմ ...

Ձեռքդ շատերն են խնդրում,
Ինչու՞ մեկին չես ընտրում
Թե ինձ համար ես պահել
Էլ ի՞նչ ես սիրտս կոտրում:

Ախ ,ի՞նչ անեմ...

Վ. Հարությունյան

ԱՄՊԻ ՏԱԿԻՑ

Ամպի տակից ջուր է գալի,
Դոշ է տալի, փըրփըրում,
Էն ո՞ւմ յարն է նըստած լալի,
Հոնգուր-հոնգուր էն սարում:

Ա՛յ պաղ ջրեր, զուլալ ջրեր,
Որ գալիս եք սարերից,
Գալիս անցնում հանդ ու չոլեր,
Յարս էլ խմե՞ց էդ ջրից:

Յարաբ խմե՞ց, յարաբ հովցա՞վ
Վառված սիրտը իմ յարի,
Յարաբ հովցա՞վ, յարաբ անցա՞վ
Անքուն ցավը ջիգյարի:

- Աղջի քո յարն եկավ անցավ,
Վառված, տարված քո սիրով,
Էրված ջիգյարն եկավ անցավ,
Չըհովացավ պաղ ջրով:

ՊԻՏԻ ՏԵՄՆԵՄ ՔԵԶ

Այս գիշերով աստղերին եմ նայում
Մթնշաղ լուսին է ընկեր լինում
Կարոտով աչքերս իմ, քեզ են փնտրում

Հենց լույս բացվի պիտի գամ քեզ այցի
Էլ չեմ կարող առանց քեզ իմացի
Մեր սիրո պահը եկավ, լավ իմացի:

Պիտի տանեմ քեզ, տանեմ տանեմ տանեմ պահեմ քեզ,
Իմ սրտիս մեջ քեզ կպահեմ,պահեմ, պահեմ
Մինչև կյանքիս վերջ քեզ կսիրեմ, սիրեմ, սիրեմ միշտ հավերժ:

Որոշել եմ պիտի գամ ու քեզ տեսնեմ
Այդ ժամն է պիտի գամ ու քեզ տանեմ
Երջանիկ, օրերիս մեջ քեզ հետ լինեմ,

Հենց որ ձայն տամ պատուհանից նայի
Հենց որ լսես իմ ձայնը, կանչի'
Այսօրվանից մեր ճամփեն թող կանաչի

Պիտի տանեմ քեզ, տանեմ տանեմ տանեմ պահեմ քեզ,
Իմ սրտիս մեջ քեզ կպահեմ,պահեմ, պահեմ
Մինչև կյանքիս վերջ քեզ կսիրեմ, սիրեմ, սիրեմ միշտ հավերժ:

ԱՂՋԻ, ԱՆԱՍՏՎԱԾ

Աղջի, անաստված, նըստիր վրանում,
Ի՞նչ ես դուրս գալիս խելքամաղ անում,
Աշուղ ես շինել, չեմ հազստանում:

Խաղեր կապելով,
Չոլեր չափելով,
Ոչխարըս անտեր,
Ընկել եմ հանդեր:

Աման, էրեցիր սիրտըս քո սիրով,
Ոտըս կապեցիր թել-թել մազերով,
Էլ չեմ դիմանա, կըփախցնեմ զոռով:

Ա՛յ սարի աղջիկ,
Ա՛յ սիրուն աղջիկ,
Ա՛յ դու կարմրաթուշ,
Թուխամազ Անուշ:

Քու հերն ու մերը թե որ ինձ չըտան՝
Արին կըթափեմ ես գետի նման,
Սարերը կընկնեմ, կորչեմ անգյուման:

Ա՛յ սև աչքերով,
Այ ծով աչքերով,
ՈՒնքերըդ կամար,
Աղջիկ քեզ համար...

ԱԼ ԱՅԼՈՒՂՍ

Աղջիկ,

Այլուղս կորավ ձեր դուռը,
Սրտես դուրս չի գա մրմուռը,
Բախտը ինձ զցեց քո դուռը, յարո ջա՛ն,
Սիրուն տղա, տուր այլուղս:

Տղա,

Ալ այլուղդ ինձ մոտ չկա,
Երդվում եմ քեզ, հոգիս վկա,
Ով գտել է՝ թող բերի տա, յարո ջա՛ն,
Սիրուն աղջիկ, քո այլուղը:

Աղջիկ,

Այլուղս յարիս բաշխածն էր,
Ալ աբրեշումով նախշած էր,
Պատկերս վրեն քաշած էր, յարո ջա՛ն,
Սիրուն տղա, տուր այլուղս:

Տղա,

Սևուկ աղջիկ, սպիտակ հագիր,
Առ այլուղդ, վերքս կապիր,
Սիրուդ գերի, ինձ մի տանջիր, յարո ջա՛ն,
Էրված աղջիկ, առ այլուղդ:

ՁԱԽՈՐԴ ՕՐԵՐ

Ձախորդ օրերը ձմռան նման կուգան ու կերթան,
Վհատելու չէ, վերջ կունենան, կուգան ու կերթան,
Դառն ցավերը մարդու վերա չեն մընա երկար,
Որպես հաճախորդ՝ շարվե-շարան կուգան ու կերթան:

Փորձանք, հալածանք և նեղություն ազգերի գըլխից,
Ինչպես ճանապարհի քարավան՝ կուգան ու կերթան,
Աշխարհը բուրաստան է հատուկ, մարդիկը՝ ծաղիկ,
Որքան մանուշակ, վարդ, բալասան կուգան ու կերթան:

Ոչ ուժեղը թող պարծենա, ոչ տկարը տխրի,
Փոփոխակի անցքեր զանազան կուգան ու կերթան,
Արևը առանց վախենալու ցայտում է լույսը,
Ամպերը դեպի աղոթարան կուգան ու կերթան:

Երկիրը ույալ զավակին է փայփայում մոր պես,
Անկիրթ ցեղերը թափառական՝ կուգան ու կերթան,
Աշխարհը հյուրանոց է, Ջիվան, մարդիկը՝ հյուր են,
Այսպես է կանոնը բնական՝ կուգան ու կերթան:

Ջիվանի

ՊԱՂ ԱՂԲՅՈՒՐԻ ՄՈՏ

Պաղ աղբյուրի մոտ կանգնած մի աղջիկ,
Ձեռին սափոր բռնած, ջուրն էր անուշիկ,
Աչք ունքը ղալամով քաշած գեղեցիկ,
Մայրիկ զարնվեցա՝ սիրում եմ նորան,
Մի փոքրիկ ակնարկով արավ ինձ նշան:

Պաղ աղբյուրի մոտ պարտիզում նստած,
Ունեինք լավ գինի, գառան խորոված,
Երգում էին պարում շրջան բոլորած,
Մայրիկ զարնվեցա՝ սիրում եմ նորան,
Մի փոքրիկ ակնարկով արավ ինձ նշան:

Ման էր գալիս ընկերներով միասին,
Կարծես հրեշտակ էր, չէր նա հողածին,
Մազերն ոսկեգույն, ճակատը լուսին,
Մայրիկ զարնվեցա՝ սիրում եմ նորան,
Մի փոքրիկ ակնարկով արավ ինձ նշան:

Երանի այն ավուր, հազար երանի,
Տեսության ես կրկին լինեմ արժանի,
Առանց նորան երբեք չեմ մնալ կենդանի,
Մայրիկ զարնվեցա՝ սիրում եմ նորան,
Մի փոքրիկ ակնարկով արավ ինձ նշան:

Ջիվանի

ՄԱՍՈՒՆԱ ՍԱՐ

Առանց վախի, առանց ահի,
Քաջերու տուն՝ Մասունա սար,
Քեզնից հրդեհ կըպատահի,
Կրակի բուն՝ Մասունա սար:

Եկավ ողջ Արաբիստանը,
Որ նվաճե Հայաստանը,
Քեզ չըհաղթեց Չինկիզ-խանը,
Կեցար կանգուն, Մասունա սար:

Հայաստանը նոր կանաչեց,
Թշնամին տեսավ, ամաչեց,
Աշխարհը քեզի ճանաչեց,
Առար անուն՝ Մասունա սար:

Թշնամաց դուք դահիճներ եք,
Թունավորող կարիճներ եք,
Սարերու մեջ կտրիճներ եք,
Դու և Զեյթուն, Մասունա սար:

Վերացավ խավար գիշերը,
Քայլեց երկնային լապտերը,
Կըսպասեն քո կտրիճները,
Քեզնից զարուն՝ Մասունա սար:

Ջիվանի

ՕՏԱՐԱԿԱՆԻ ԵՐԳ

Օտարրության մեջը զուր անցավ ջանքս,
Կարոտդ քաշելով մաշեցի կայնքս,
Կրկին դեպի քեզ է սիրտս, բաղձանքս,

Ախ իմ երկիր, անուշ երկիր հայրական,
Պապիս, մամիս, նախնիներուս օթևան:

Ծննդավայր, երբ քեզանից հեռացա,
Կարծես դրախտիցը դժոխքը ընկա,
Համդ ու արժեքդ ես նոր իմացա,

Ախ իմ երկիր, անուշ երկիր հայրական,
Պապիս, մամիս, նախնիներուս օթևան:

Օտարության հացը ասացին մեծկակ,
Բայց գնացի, տեսա փոքր նմանակ,
Դառնահամ, անաձուն, սպառող քսակ,

Ախ իմ երկիր, անուշ երկիր հայրական,
Պապիս, մամիս, նախնիներուս օթևան:

Ջիվանի

ՎԱՌԱ, ՎԱՌԱ, ԵՍ ՎԱՌԱ

Ես քեզ տեսա մեջը այգուն,
Ճտվտալով, ինչպես թռչուն,
Սրրտիս սաստիկ դուր եկար դուն,
Ա՜խ, իմ սիրեկան, անուշ սիրեկան,
Կյանքիս հատորը դու ես, աննման:

Վառա, վառա, ես վառա,
Կրակիդ ճարակ դառա,
Հանգստություն չունեցա՝
Մինչ իմ կարոտըս չառա:

Այն օրվանից չունիմ դադար,
Ինչ քեզ տեսա գեղատիպար,
Իսկապես եղա սիրահար,
Ա՜խ, իմ սիրեկան, անուշ սիրեկան,
Կյանքիս հատորը դու ես, աննման:

Վառա, վառա, ես վառա...

Աչքերիցդ մի կայծ թռավ,
Թռավ, սրտիս մեջը ընկավ,
Ինչ կանեմ, չի հանգչիր բնավ,
Ա՜խ, իմ սիրեկան, անուշ սիրեկան,
Կյանքիս հատորը դու ես, աննման:

Վառա, վառա, ես վառա...

Փասիան ես ոսկեփետուր,
Աչքերիդ մեջը կըցոլա հուր,
Թագուհին ես թռչնոց հանուր,

Ա՜խ, իմ սիրեկան, անուշ սիրեկան,
Կյանքիս հատորը դու ես, աննման:

Վառա, վառա, ես վառա...

Ջիվանի

ՊԻՏԻ ԳԱ՞ ԱՐԴՅՈՔ

Ոչ տեր լիներ և ոչ ծառա աշխարհում,
Այսպես երջանիկ օր պիտի գա՞ արդյոք,
Բոլոր մարդիկ կանգնած մեկ ճանապարհում
Այն սուրբ հոգին հզոր պիտի գա՞ արդյոք:

Բոլոր մարդիկ սիրեն եղբոր պես իրար,
Մեծը փոքրին շահե, անկեղծ, հայրաբար,
Լեռ, բլուր, դաշտ ու ձոր դառնան հավասար,
Հարթող գութան, արոր պիտի գա՞ արդյոք:

Ջիվանի, ոչ մի տեղ չըլինի կռիվ,
Ուղիղ սրտով պահեն մեկմեկու պատիվ,
Աշխարհի մեջ լինի մեկ հոտ, մեկ հովիվ,
Փրկիչը միամոր պիտի գա՞ արդյոք:

Ջիվանի

ՀԵՅ ՋԱՆ ԵՐԵՒԱՆ

Բոլորիդ կանչում եմ, եկեք Երևան,
Ջուրը անուշիկ է, օդը աննման,
Օտար ափերից դարձիր Հայոց քարավան,
Պանդուխտ եղբայրներ, եկեք Հայաստան:
Հե՜՛յ, ջան Երևան, իմ քաղաք սիրուն,
Հեյ ջան, հեյ ջան, ծաղկիր Երևան:
Նոր կյանքը ծաղկել է գարնան դաշտերում,
Սևանի ջրերը հույսեր են բերում,
Շենքերի թևերը հասան Մասիս սար,
Աղջիկների սերը սարին հավասար:
Հե՜՛յ, ջան Երևան, իմ լավ օթևան,
Հեյ ջան, հեյ ջան, ծաղկիր Երևան:
Երևան ի՞նչ ցանկամ ես քեզ,
Կրեմլի աստղերի տակ հավիտյան ծաղկես,
Իսկ Ձեզ երևանցիք, ձեզ էլ ինչ ասե՞մ,
Բոլորիդ պատրաստ եմ սրտանց համբուրել:

ՇԱԽՈՎ-ՇՈՒԽՈՎ

Արեւը նոր ծագել ա,
Միրած եարս եկել ա:
Կրկն,-Շախով-շուխով իմ եարը,
Բոյով, բուսով իմ եարը:

Գարնան արեւ եմ ուզում,
Եարիս տեսնել եմ ուզում:
Կրկն,– Շախով-շուխով...

Աչերին եմ կարօտել,
Նրա տեսքին մնացել:
Կրկն,- Շախով-շուխով...

Հազար տղայ ինձ ուզի,
Ես ուրիշին չեմ ուզի:
Կրկն,– Շախով-շուխով...

Աւին եարդ եկել ա,
Գըժի նման դուրս թռայ:
Կրկն,– Շախով-շուխով

Դարդը սրտից չեմ հանում,
Քեզ մտահան չեմ անում:
Կրկն,- Շախով-շուխով...

ԱՌԱՋԻՆ ՍԵՐ

Ես չգիտեի, թե ինչ է սերը,
Ի՞նչն էր այդքան շուտ ինձ քնից հանում,
Ինչու՞ էր երկար թվում գիշերը,
Եվ ինչի՞ց էր, որ քունս չէր տանում:

Ես չգիտեի, թե ինչ է սերը,
Բայց ոչ մի անգամ չէի քարկոծում,
Երբ վազում էին ձեր գիժ հորթերը
Մեր կանաչ-կանաչ բանջարանոցում...

Ես չգիտեի, թե ինչ է սերը,
Բայց ուզում էի գտնել մի հնար,
Որ ձեր ծաղկաբույր դեզի ստվերը
Ամբողջ օրը մեր կտուրին մնար:

Ես չգիտեի, թե ինչ է սերը,
Բայց երբ քո տատը մեր տուն էր գալիս,
Շփոթվում էին սրտիս զարկերը,
Եվ պոկվում էի օջախի սալից:

Բայց երբ գնացի ես հեռուները,
Ես չմոռացա նոր սիրո բոցում,
Տատիդ փեշերը, դեզի ստվերը,
Այն գիժ հորթերը բանջարանոցում:

Ձեր այն պարտեզը, ձեր այն ծառերը...
Եվ նոր հասկացա առանց թախծելու,
Որ այդ է եղել առաջին սերը
Ու երբեք-երբեք չի մոռացվելու:

Համո Սահյան

ՄԱՆՈՒՇԱԿ

Մանուշակ էիր, պարտէզում բացւած,
Դու երազ էիր, ինձ համար դարձած,
Դու ծնւել էիր, մութ ամպերի տակ,
Բայց դու իմն ես, իմը,
Մանուշակ իմ եար։

Մանուշակ էիր, պարտէզում բացւած,
Կապոյտ շորերով նորահարս դարձած,
Բայց անգութ քամին քեզ թփից պոկեց
Ու սիրող իմ սրտին խոր վէրքեր թողեց։

Մանուշակ էիր պարտէզում բացւած,
Ժամանակից շուտ՝ դու ծաղիկ դարձած,
Ժամանակից շուտ՝ կեանքից հեռացած
Բայց իմն ես, իմը, Մանուշակ իմ եար։

Վարդուհի Յովսէփեան

ՀՈՅ, ՆԱԶԱՆ ԻՄ՝

Հոյ, Նազան իմ, Նազան իմ,
Նազան իմ, Նազան իմ,

Նազան, դու բարով եկար,
Կանաչ սարերով եկար,
Խոր- խոր ձորերով եկար:

Գարնան սիրուն ծաղիկ ես,
Հոյ, Նազան իմ, Նազան իմ,
Ինձ համար աղունիկ ես,
Ջան, Նազան իմ, Նազան իմ,
Նախշուն թեւ-թիթեռնիկ ես,
Ջան, Նազան իմ, Նազան իմ:

Եար ջան, դու բարով եկար,
Կանաչ սարերով եկար,
Խոր- խոր ձորերով եկար:

ԵՐՋԱՆԿՈՒԹԵԱՆ ԱՐՑՈՒՆՔՆԵՐ

Երջանկութեան արցունքները,
Սէրովդ դու ինձի տվիր,
Երջանկութեան համբոյրները,
Շրթներիս վրայ դրոշմեցիր:

Գարնան նման արեւաշող,
Վարդերու բոյրը ինձ բերիր,
Ու շրթներովդ ինձ այրող,
Սրտիս կիրքը յազեցուցիր:

Երջանկութեան արցունքները,
Խոստումներովդ ինձ տվիր,
Ու ինձ տալով ուրախ յոյսեր,
Դու ինձ երջանիկ դարձրիր:

Սարգիս Մուրադեան

ԵՐԳԻՐ ԻՆՁ ՀԱՄԱՐ

Ես քեզ համար եմ ապրում նազելիս,
Մանուշակներ են աչքերդ անմար,
Չկայ քեզ նման զարուն, նազելիս,

Կրկ.– Ծաղկիր ինձ համար, ծաղկիր ինձ համար,
Ծաղկիր ինձ համար, երգիր ինձ համար։

Հերիք է մաշեմ ճամբէքը քարոտ,
Մենակ տղայ եմ քո սիրուն կարօտ,
Դու կանաչ կեանքիս վարդ անուշահոտ,

Կրկ.– Ծաղկիր ինձ համար, ծաղկիր ինձ համար,
Ծաղկիր ինձ համար, երգիր ինձ համար։

Իմն է եւ քոնը աշխարհք սիրուն,
Արեւոտ սարը, անտառը սիրուն,
Երկնքի կապոյտ կամարը սիրուն,

Կրկ.– Ծաղկիր ինձ համար, ծաղկիր ինձ համար,
Ծաղկիր ինձ համար, երգիր ինձ համար։

Ես ծարաւ ճամփորդ, դու վարար աղբիւր
Թոյլ տուր մօտենամ, ջուր խմեմ մաքուր,
Քո ալ շուրթերից առնեմ վառ համբոյր,

Կրկ.– Ծաղկիր ինձ համար, ծաղկիր ինձ համար,
Ծաղկիր ինձ համար, երգիր ինձ համար։

Աշոտ Դրաշու

ԳԱՐՈՒՆ-ԳԱՐՈՒՆ

Կրկ.– Գարուն, գարուն, գարուն է,
Սիրուն, սիրուն, սիրուն է,
Էդ քո սեւ-սեւ աչերով,
Եար ջան, ինձ դու այրում ես:

Չար լեզուների հաւատաց իմ եարը,
Արցունքներով լցրեց սեւ-սեւ աչերը,
Էս աշխարհը շատ փուչ բան է, հեռանալ
Ուզում էի հեռանալ ու մոռանալ:

Կրկ.–Գարուն, գարուն, գարուն է,
Սիրուն, սիրուն, սիրուն է,
Էդ քո սեւ-սեւ աչերով,
Եար ջան, ինձ դու այրում ես:

Էդ քո սէրից մոլորուած եմ քուն չունեմ,
Բոլոր գիշեր արցունքներով հալչում եմ,
Եար ջան ինձնից մի հեռանար սիրում եմ,
Անցորդները կարծում են թէ եար չունեմ:

Կրկ.– Գարուն, գարուն, գարուն է,
Սիրուն, սիրուն, սիրուն է,
Էդ քո սեւ-սեւ աչերով,
Եար ջան, ինձ դու այրում ես:

ՀԱՅԱՍՏԱՆԻ ԾՈՎ ԳԻՆԻՆ

Հայաստանի ծով գինին,
Ձեր կենացը թող լինի
Բացւեց կեանքը մեր ազատ
Հայրենիքում հարազատ:

Կրկն–Բարձրացնենք բաժակները հերոսների կենացը,
Երկար լինի մեր այս կեանքը անուշ մնայ մեր հացը,
Վիշտ չտեսնի ոչ մի մարդ մեր մայրերի աչերում
Այսպես խաղաղ ուրախ կեանքը միշտ էլ լինի աշխարհում:

Խաղաղութիւն սիրողը
Թող պաշտպանի մեր հողը,
Ողջ աշխարհն է մեզ երգում
Խաղաղութիւն է ուզում:

Կրկն–Բարձրացնենք բաժակները հերոսների կենացը,
Երկար լինի մեր այս կեանքը անուշ մնայ մեր հացը,
Վիշտ չտեսնի ոչ մի մարդ մեր մայրերի աչերում
Այսպես խաղաղ ուրախ կեանքը միշտ էլ լինի աշխարհում:

Վ. Յարութիւնեան

ԲԱՐԻ ԱՐԱԳԻԼ

Ես ո՛չ անտուն եմ, ո՛չ էլ տարագիր,
Ունեմ հանգրւան,
Ունեմ օթեւան,
Ազատ հայրենիք, երջանիկ երկիր:

Կրկն,–Բարով արագիլ, բարի արագիլ,
Արագիլ գարնան,
Արագիլ ամռան,
Իմ տան մօտ ապրիր, բախտի արագիլ,
Բոյն հիւսիր ծառին,
Բարդու կատարին:

Իմ բալիկների աստղերն են շողում
Հույսով անթառամ,
Վարդերով վառման,
Վշտերս դառան ժպիտներ շողուն:

Կրկն,–Բարով արագիլ...

Արագիլ, ինձ հետ գովերգեր երգիր,
Յայլա ու վրան,
Հանդեր հոտևան,
Արտեր, այգիներ, մանուշակ երկինք:

Կրկն,–Բարով արագիլ...

Ա. Գրաշու

ՏԵՄՆԵՄ ԱՆԻՆ ՈՒ ՆՈՐ ՄԵՌՆԵՄ

Դեռ մի կարոտ ունեմ անհագ.
Տեսնեմ Անին ու նոր մեռնեմ
Լցված կյանքով հազարազանգ
Տեսնեմ Անին ու նոր մեռնեմ.

Ախուրյանի ջրերի պես,
Զմրուխտ փեշերն համբուրելով
Դառած մի նոր սիրո դդյակ
Տեսնեմ Անին ու նոր մեռնեմ:

Հազար տարվա կարոտ ունեմ
Իմ երազը հազարաթև
Ախ թեկուզ լուռ դեռ ավերակ
Տեսնեմ Անին ու նոր մեռնեմ:

Կանցնեմ դարեր ոտք չդրած,
Հող ու հանդով իմ պապերի
Հայոց խոփի համբյուրի տակ
Տեսնեմ Անին ու նոր մեռնեմ:

Վանածովի ու Վանի հետ
Ու Ղարսի ու Սևանի
Իմ Սևանի լույսերի տակ
Տեսնեմ Անին ու նոր մեռնեմ:

Կրծքիս սեղմեմ բերդերն ավեր,
Բուերի տեղ սոխակ դառնամ.
Որպես երգ ու վարդի քաղաք.
Տեսնեմ Անին ու նոր մեռնեմ:

Հազար տարվա կարոտ ունենմ
Իմ երազը հազարաթև
Կրծքիս սեղմեմ բերդերն ավեր,
Բուերի տեղ սոխակ դառնամ.

Ախ թեկուզ լուռ դէռ ավերակ
Տեսնէմ Անին ու նոր մեռնեմ
Որպէս երգ ու վարդի քաղաք.
Տեսնէմ Անին ու նոր մեռնեմ:

ԾԻՐԱՆԻ ԾԱՌ

Ես մի ծառ եմ ծիրանի,
Հին արմատ եմ անվանի,
Պտուղներս քաղցրահամ,
Բոլոր մարդկանց պիտանի:

Հին ծառ եմ արևելյան,
Չունիմ որոշ այգեպան,
Տունկերս ամեն երկիր
Ընկած են բաժան-բաժան:

Ապրում եմ խեղճ, միայնակ,
Որոշ ծառի շքի տակ,
Հյութս որդունքն է ծծում
Իմ տունկերուս փոխանակ:

Տունկերս ուր էլ որ գնան,
Թեպետ նույնը կմնան,
Բայց օտար հողի վրա
Չեն աճիլ, կչորանան:

Արևելքում ինձ տնկեց,
Երբ որ տերը ստեղծեց.
Ասավ՝ աճե, բազմացիր,
Մի այգի էլ ինձ տվեց:

Ուղարկեց մի այգեպան՝
Հարավից հսկա իշխան,
Այն հսկայի անունով
Կոչվեցա ծառ հայկական:

Չորս հազար տարվա ծառ եմ,

Մարմինս պինդ, կայտառ եմ.
Թեև ուժս պակաս է,
Բայց անունով պայծառ եմ:

Ջիվանի

ԽԱՆ ԲԱՋԻ

Երթանք կալը,բռնենք պարը,
Խան բաջի,
Թող չիմանա քո գիժ տալը,
Խան բաջի,
Դու խորոտ ես ,քան քո տալը,
Խան բաջի
Ուսիդ շալը,ծնկիդ ծալը
Խան բաջի
Երթանք կալը ,ցույց տուր խալը
Խան բաջի
Դու խորոտ ես ,քան քո տալը
Խան բաջի
Երթանք բաղը,բռնենք խաղը,
Խան բաջի,
Քաղենք բարը, թողնենք թաղը
Խան բաջի:
Երթանք ձորը,բռնենք լորը,
Խան բաջի,
Փեշքեշ տանենք քո ախպորը
Խան բաջի
Դու խորոտ ես ,քան քո տալը
Խան բաջի:

ԻՄ ԵՐԳԸ

Պանդխտության մեջ լրացավ իմ երեսունամյակս,
Ինձանից դեռ չի հեռացել հավատարիմ ջութակս,
Քառասուն և իննի մեջը մտավ արդեն հասակս,
Գնում եմ դեպի ծերություն, դառնանում է վիճակս,
Հետզհետե մազերուս մեջն շատանում է ճերմակս,
Սկսում է նսեմանալ լուսատու աշտանակս:

Քննում եմ իմ անցյալս, տեսնում եմ ես անկատար,
Իմ թողած հետքս վաղանցուկ, ծաղկի պես թույլ ու տկար,
Մանկությունից մինչև այսօր բռնել եմ մեկ ճանապարհ,
Հետևել եմ իմ արվեստին, նվագել եմ ես քնար.
Նշանավոր, օգտավետ գործ չեմ թողել ազգիս համար,
Մի քանի հատ չոր ու ցամաք երգեր է հիշատակս:

Թանկագին ու անդառնալի թարմությունս շուտ գնաց,
Ոչ մի օգուտ ես չունեցա, խոստովանեմ բացեբաց.
Հանգամանքից չօգտվեցի, չեղա ես շրջահայաց.
Առավոտյան բացվիլը՝ բութ աքլորս չարավ իմաց.
Իմ մտավոր աշխարհի մեծ բաժինը խավար մնաց,
Մթամած սև ամպի տակից դուրս չեկավ արեգակս:

Բնության գաղտնիքը մութ է, ծովի անդունդից խոր է,
Ընկնողը դուրս չի գալիս, վիհ է, անատակ հոր է.
Աշխարհը անփոփոխ է, լուսնյակը հին ու նոր է,
Մեկը անբախտացել է նոր, մյուսը՝ բախտավոր է,
Չէի կարծում և մտածում՝ ամենը անցավոր է,
Ժանգոտված պղինձ կդառնա, ոսկի է ժամանակը:

Ես, Ջիվանս ամենին աղաչել եմ, պաղատել եմ,
Որ լինին սիրով, միաբան, մեջս այսպես դատել եմ.

Ինչ տեղում ատելության հոգու ծնունդ նկատել եմ,
Պատճառին առանց վախի՝ հանդիմանել, նախատել եմ,
Ինչքան իմ ուժս պատել է, այնքանով աշխատել եմ,
Ժողովրդին մի օգուտ տալ՝ եղել է նպատակս:

Ջիվանի

ԵՍ ԲԼԲՈՒԼ ԵՄ

Ես բլբուլ եմ, մի բուն ունեմ,
Մի բուն ունեմ, սարին է,
Սիրտս բոց է, սիրտս խոց է,
Մեջը լիքը արին է:

Վայ լե լե լե, վայ լե լե լե լե
Վայ լե լե լե լե լե լե, վայ լե լե

Սիրտս բոց է, սիրտս խոց է,
Մեջը լիքը արին է:

Վայ լե լե լե, վայ լե լե լե լե
Վայ լե լե լե լե լե լե, վայ լե լե

ԱՇՈՒՂԸ

Անթև թռչնակ է աշուղը -
Այսօր այստեղ, վաղը այլ տեղ.
Դարձող ճախրիկ է աշուղը,
Այսօր այստեղ, վաղը այլ տեղ:

Մերթ անսավառ, ծարավ, պապակ,
Մերթ անհաջող, մերթ հաջողակ.
Թափառում է նա շարունակ,
Այսօր այստեղ, վաղը այլ տեղ:

Մի տեսակ լուսատըտիկ է,
Լուր տարածող մունետիկ է,
Հողմից հալածված ամպիկ է,
Այսօր այստեղ, վաղը այլ տեղ:

Ջուր հույսերով խարխափում է,
Գետեր, քաղաքներ չափում է,
Կայծակի նման խփում է,
Այսօր այստեղ, վաղը այլ տեղ:

Ջիվան, մի տեղ դադար չունի,
Մեղվի պես միշտ կըթռչկոտի.
Այս ընթացքով պիտի մեռնի,
Այսօր այստեղ, վաղը այլ տեղ:

Ջիվանի

ԿԱՐԻՆԵ

Մեր ազատ, ուրախ երկրում,
Ուր գարունն է միշտ բուրում,
Դու ծաղկել ես շողշողուն, Կարինե,
Իմ երկրի քնքուշ ծաղիկ:
Քո հայացքը գեղատես,
Քո հասակը բարդու պես
Եվ խոսքերդ սրտակեզ, Կարինե,
Արևոտ, պայծառ աղջիկ:

Կարինե, Կարինե,
Քեզ համար եմ հորինե
Իմ այս երգը սիրավառ,
Դու իմ Կարինե:

Թե գործի մեջ, թե կյանքում,
Դու կրակ ես փոթորկուն,
Եվ չունի դադար ու քուն, Կարինե,
Ով որ քեզ մի պահ տեսնի

Կարինե, Կարինե...

Սիրտդ մեծ է, սերդ խոր,
Ողջ աշխարհը ամեն օր, Կարինե
Թող ինձ հետ քեզ գովք ասի:

Կարինե, Կարինե...

ԱՂՋԿԱ ԵՐԳԸ

Դու ինձ համար միշտ թանկ ես,
Իմ հարազատ , զուլալ գետ,
Քեզ հետ է միշտ իմ կյանքը,
Ու երազները՝ քեզ հետ :

Հե՜յ երգիր Արաքս,
Իմ բախտ իմ երազ,
Ջան Արաքսն է երկիր՝ կարոտն իմ ,
Դու իմ մտերիմ :

Հե՜յ երգիր Արաքս,
Իմ բախտ իմ երազ,
Ջան Արաքսն է երկիր՝ կարոտն իմ ,
Դու իմ մտերիմ :

Դու իմ սիրո վկան ես,
Իմ սրտակից ,զուլալ գետ ,
Կանգնել եմ լուռ ինչքան ես,
Քո ափերին ծաղկավետ :

Հե՜յ երգիր Արաքս,
Իմ բախտ իմ երազ,
Ջան Արաքսն է երկիր՝ կարոտն իմ ,
Դու իմ մտերիմ :

Հե՜յ երգիր Արաքս,
Իմ բախտ իմ երազ,
Ջան Արաքսն է երկիր՝ կարոտն իմ ,
Դու իմ մտերիմ :

Դու ինձ համար միշտ թանկ ես,
Իմ հարազատ , զուլալ գետ,
Քեզ հետ է միշտ իմ կյանքը,
Ու երազները ՝ քեզ հետ:

Հե՜յ երգիր Արաքս,
Իմ բախտ իմ երազ,
Ջան Արաքսն է երկիր՝ կարոտն իմ ,
Դու իմ մտերիմ :

Հե՜յ երգիր Արաքս,
Իմ բախտ իմ երազ,
Ջան Արաքսն է երկիր՝ կարոտն իմ ,
Դու իմ մտերիմ :

Հե՜յ երգիր Արաքս,
Իմ բախտ իմ երազ,
Ջան Արաքսն է երկիր՝ կարոտն իմ ,
Դու իմ մտերիմ :

ՈՐՏԵ՞Ղ ԳՏՆԵՄ ՔԵԶ

Քարից թռան երկու կաքավ,
Թռան սրտիս պես,
Ախ, դու իմ յար, ախ, դու իմ լավ,
Որտե՞ղ գտնեմ քեզ:

Արևի հետ դու գնացիր՝
Լուսնի հետ արի,
Դու չես գալիս ամեն օրս
Դարձել է տարի:

Սիրտս բացվել է վարդի պես,
Արի գարնան արևի պես,
Ախ, հովերն էլ չեն գտնում քեզ,
Արի, շուտ արի:

Վայ լե, լե, լե, վայ, լե, լե, լե,
Վայ լե, լե, լե, վայ, լե, լե, լե,
Աչքս արցունքով լցվել է.
Ախ, հովերն էլ չեն գտնում քեզ,
Արի, շուտ արի: (2)

Հավքերն անցան երամ-երամ
Բայց ես մենակ էմ,
Այրվում եմ ես, դու չես տեսնում,
Կանչող կրակ էմ:

Քեզ չեմ տեսել ամբողջ տարին,
Իմ արև, արի,
Մի՝ թող դառնամ լացող աղբյուր

Քո ճանապարհին:

Կյանք եմ ուզում, որ սիրեմ քեզ,
Որ չնայեմ տխուր ամպին,
Որ մազերդ շողերի պես
Փռես իմ ճանփին:

Լ.Դուրյանի

ԾԱՂԻԿՆԵՐ, ԾԱՂԻԿՆԵՐ

Ծփում է Սևանը, կանչում է Սևանը
Ծով ալիքների մեջ ժպտում է Սևանը: (2)

Ծաղիկներ, ծաղիկներ, անթառամ ծաղիկներ
Դուք սիրո, կարոտի անմոռաց վկաներ: (2)

Մեր սերը երազ էր, արթնացա էլ չկար,
Ես շատ արտասվեցի, բայց ավաղ էլ չկար: (2)

Ծաղիկներ, ծաղիկներ անթառամ ծաղիկներ
Դուք սիրո, կարոտի անմոռաց վկաներ: (2)

Ես լուռ փնտրում եմ քեզ, փնտրում,տենչում եմ քեզ,
Ներիր ինձ, սիրելիս, որ դեռ սիրում եմ քեզ: (2)

Ծաղիկներ, ծաղիկներ, անթառամ ծաղիկներ,
Դուք սիրո, կարոտի անմոռաց վկաներ: (2)

ԿԱՐՈՒՍԵԼ

Պտտվի՛ր, պտտվի՛ր, կարուսել,
Ես քո երգը վաղուց եմ լսել...

Հեքիաթ էր, և հմայք, և անծիր
Խնդություն մշուշում վարդագույն,
Դու նենգոտ քնքշությամբ ժպտացիր
Արևոտ ժպիտով իմ հոգուն...

Սիրո խոսք, և համբույր, և խոստում...
— Արբեցե՛ք այս անուշ համերգում,—
Արդյոք մե՞նք, թե՝ խոսքե՞րն են ստում,
Արդյոք մե՞նք, թե՝ աշխարհն է երգում:

Պտտվի՛ր, պտտվի՛ր, կարուսել,
Ես քո երգը վաղուց եմ լսել...

Կար հեռու մի երկիր թովչական,
Արև էր ոսկեղեն աշխարհում.
Շողացին, ժպտացին — էլ չըկան,
Էլ չըկան պատրանքները սիրուն:

Ե՛վ թախիծ, և՛ տրտունջ, և՛ տանջանք,
— Դո՞ւ ես այն, թե՝ աշխա՞րհն է լացում. —
Խավարիր, խաբուսիկ անրջանք,
Հեռավոր օրերի հիացում...

Պտտվի՛ր, պտտվի՛ր, կարուսել,
Ես քո երգը վաղուց եմ լսել...

Կար մի երգ հեռավոր աշխարհում,—

Դու այն երգն ես կրկնում հեռավոր —
«Ես սիրում եմ, դու ինձ չես սիրում»,
Եվ հին են քո խոսքերը բոլոր...

Եվ այն վալսը՝ «Անդարձ ժամանակ»,
Ծառուղին՝ ամայի պուրակում,
Ե՛վ գիշեր, և՛ համբույր, և՛ լուսնյակ.
Տաղտկալի՜, ձանձրալի՜ պատմություն...

Պտտվի՛ր, պտտվի՛ր, կարուսել,
Ես քո երգը վաղուց եմ լսել...

Պարում են խելագար խնջույքում,
— Ով կուզե՝ թող գաղտնիքն իմանա,—
Ոչ վե՛րջ կա, ոչ սկի՛զբ այս երգում,—
Երեկ՝ ես, այսօր՝ դու, վաղը՝ նա...

Պտտվի՛ր, պտտվի՛ր, կարուսել,
Ես քո երգը վաղուց եմ լսել...

Վահան Տերյան

ԹՄԿԱԲԵՐԴԻ ԱՌՈՒՄԸ
(ՆԱԽԵՐԳԱՆՔ)

Հե՛յ, պարոննե՛ր, ականջ արեք
Թափառական աշուղին,
Սիրո՛ւն տիկնայք, ջահե՛լ տղերք,
Լա՛վ ուշ դըրեք իմ խաղին:

Մենք ամենքըս հյուր ենք կյանքում
Մեր ծնընդյան փուչ օրից,
Հերթով գալիս, անց ենք կենամ
Էս անցավոր աշխարհից:

Անց են կենում սեր ու խընդում,
Գեղեցկություն, գանձ ու գահ,
Մահը մերն է, մենք մահինը,
Մարդու գործն է միշտ անմահ:

Գործն է անմահ, լա՛վ իմացեք,
Որ խոսվում է դարեդար,
Երնե՛կ նըրան, որ իր գործով
Կապրի անվերջ, անդադար:

Չարն էլ է միշտ ապրում անմե՛ռ,
Անե՛ծք նըրա չար գործքին,
Որդիդ լինի, թե հերն ու մեր,
Թե մուրազով սիրած կին:

Ես լավության խոսքն եմ ասում,
Որ ժըպտում է մեր սըրտին.
Ո՞վ չի սիրում, թեկուզ դուշման.
Լավ արարքը, լավ մարդին:

Է՛յ, լա՛վ կենաք, ակա՛նջ արեք,
Մի բան պատմեմ հիմի ձեզ,
Խոսքըս, տեսեք, ո՞ւր է գընում,
Քաջ որսկանի գյուլլի պես:

I

Նադիր Շահը զորք հավաքեց,
Զորք հավաքեց անհամար,
Եկավ Թըմկա բերդը պատեց,
Ինչպես գիշերն էն խավար:

— Հե՛յ, քաջ Թաթուլ, կանչեց Շահը,
Անմա՞հ էիր քեզ կարծում.
Ե՛կ, բերել եմ ես քու մահը,
Ի՛նչ ես թառել ամրոցում:

Մի՛ պարծենա, գոռոզ Նադիր,
Պատասխանեց էն հըսկան.
Գըլխովը շա՛տ ամպեր կանցնեն,
Սարը միշտ կա անսասան:

Ասավ, կանչեց իր քաջերին,
Թուրը կապեց հավլունի,
Թըռավ, հեծավ նըժույգ իր ձին,
Դաշտը իջավ արյունի:

Ու քառսուն օր, քառսուն գիշեր
Կըռիվ տըվին անդադար,
Ընկան քաջեր, անթիվ քաջեր,
Բերդի գըլխին հավասար:

Իրան. Թուրան ողջ եկել են,
Թաթուլն անհաղթ, աններկուն,
Զորք ու բաբան խորտակվել են,
Նրա բերդը միշտ կանգուն:

Ու միշտ ուրախ, հաղթանակով
Իր ամոոցն է դառնում նա.
Սպասում է էնտեղ կինը,
Ջահել կինը սնաչյա:

II

Էն տեսակ կին,
Ես իմ հոգին,
Թե աշուղն էլ ունենար,
Առանց զենքի,
Առանց զորքի
Շահերի դեմ կըզընար:

Միրո հընոց,
Կրակ ու բոց՝
Էնպես աչքեր թե ծըպտան,
Մարդու համար
Օրվա պես վառ
Գիշերները լույս կըտան:

Վարդի թերթեր՝
Էնպես շուրթեր
Թե հաղթություն քեզ մաղթեն,
Էլ քեզ ո՛չ Շահ.
Ո՛չ ահ ու մահ,
Ո՛չ զենք ու զորք կըհաղթեն:

III

Ու կըռվի դաշտում Շահի առաջին
Արին մի անգամ գովքը սիրունի.
Նըրան՝ իր տեսքով, հասակով, ասին,
Չի հասնի չըքնաղ հուրին Իրանի:
Ծով են աչքերը Ջավախքի դըստեր,
Ու կորչում է մարդ նըրա հայացքում,
Ճակատը ճերմակ էն ձյունից էլ դեռ,
Որ բարձր Աբուլի գագաթն է ծածկում:
Նա է շունչ, հոգին իշխան Թաթուլի,
Նըրա սիրովն է հարբած էն հըսկան,
Նըրա ժպիտն է քաջին ուժ տալի,
Որ դաշտն է իջնում առյուծի նըման:
Թե տիրես, մեծ Շահ, դու նըրա սըրտին,
Թաթուլն էլ անզոր կընկնի ոտիդ տակ,
Հանգիստ կը տիրես և Թըմուկ բերդին,
Որ չես կարենում էսքան ժամանակ:

IV

Էսպես է ասել հընուց էդ մասին
Ֆարսի բյուլբյուլը, անմահ Ֆիրդուսին.
Ի՛նչը կըհաղթի կյանքում հերոսին,
Թե չըլինին
Կինն ու գինին:

Արևի նման ճակատը պայծառ,
Նայում է խըրոխտ, կանգնած ինչպես սար,
Ո՛վ կանի նըրան գետնին հավասար,
Թե չլինին
Կինն ու գինին:

Պարում է ասես կըռիվ գընալիս,
Գետընքից վերև թըռչում ման գալիս.
Ո՛վ ցած կը բերի նըրան թըռչելիս,
Թե չըլինին
Կինն ու գինին:

Թեկուզ և արար աշխարհ գա վըրան,
Կերթա դեմ ու դեմ, տուր չի տալ իրան,
Ռուստեմ Զալն էլ չի հաղթիլ նըրան,
Թե չըլինին
Կինն ու գինին: ....

X

Բաց արավ ցերեկն իր աչքը պայծառ
Աշխարհքի վըրա, Ջավախքի վըրա,
Ավերակ բերդին, սև ամպի նըման,
Ծուխն ու թշնամին չոքել են ահա:

Հաղթության փառքով ու գինով հարբած
Քընած են բերդի և՛ զորքերն, և՛ տեր,
Ու հավիտյան էլ մընացին քնած,
Դավին անտեղյակ, ցավին անտարբեր:

Նըստած է Շահը. նըրա առաջին
Ահա իրիկվան քեֆի սեղանը.
Նայում է Շահը անտեր զահույքին,
Մտքովն անցնում է աշխարհքի բանը:

Աշխարհքում հաստատ չըկա ոչ մի բան,
Ու մի՛ հավատալ երբեք ոչ մեկին.
Ոչ բախտի, փառքի, ոչ մեծ հաղթություն,
Ոչ սիրած կնկա տըված բաժակին...

Ու լի դառնությամբ հարցընում է նա
Դալուկ, մարմարիոն Թըմկա տիրուհուն.
— Պատասխան տո՛ւր ինձ, մատնիչ սնաչյա.
Մի՞թե Թաթուլը քաջ չէր ու սիրուն...

— Քաջ էր ու սիրուն քեզնից առավել.
Մի բարձր ու ազնիվ տղամարդ էր նա.
Կնոջ մատնությամբ ամրոց չէր առել,
Չէր եղել կյանքում երբեք խաբեբա...

Էսպես տիկինը տըվավ պատասխան.
Անհուն ցասումից մըռընչաց Շահը.
— Հե՜յ, դահի՛ճ, զոռաց զազանի նըման.
Դահիճը իսկույն մըտավ սրահը:

XI

Դահիճն եկավ ոտից գըլուխ
Կարմիր հագած ու արյուն,
Ու դուրս տարան իր պալատից
Թըմկա չըքնաղ տիրահուն:

Տարան անտակ էն ժեռ քարից,
Որ կանգնած է մինչ էսօր,
Էն ահավոր քարի ծերից
Գըլորեցին դեպի ձոր:

Գել ու աղվես եկան հանդից
Ազահ սիրտը լափեցին,
Ցին ու ագռավ իջան ամպից,
Սև աչքերը հանեցին:

Անցավ անտես ու աննըման
Էն սիրունը աշխարհից,
Ինչպես ծաղիկն անցած գարնան,
Որ չի ծաղկիլ էլ նորից:

Անցավ գալում էն մեծ արքան
Իրեն փառքով ու զորքով,
Անցավ Թաթուլն էն հաղթական
Ու իր քաջերն էն կարգով:

Ու նըրանցից մենակ անմեռ
Էս զրույցը հասավ մեզ,
Որ մեզանից հետո էլ դեռ
Պետք է խոսվի միշտ էսպես:

XII

Հե՛յ, պարոննե՛ր, ականջ արեք
Թափառական աշուղին,
Սիրո՛ւն տիկնայք, ջահե՛լ տըղերք,
Լավ ուշ դըրեք իմ խաղին:

Ամենքս էսպես հյուր ենք կյանքում
Մեր ծնընդյան փուչ օրից,
Հերթով գալիս անց ենք կենում
Էս անցավոր աշխարհից:

Անց ենք կենում... միայն անմահ,
Գործն է խոսվում լավ ու վատ.
Ա՛խ, երանի՝ ո՛վ մարդ կըգա
Ու մարդ կերթա անարատ:

Հովհաննես Թումանյան

ՄԻ ԼԱՐ, ԲԼԲՈՒԼ

Մի լար, բլբուլ, քեզ մի տանջիր,
Որ փոթորկն անիրավ
Վարդդ սիրուն, վարդդ կարմիր
Թփից պոկեց ու տարավ...

Կանցնեն օրեր... կգա կրկին
Մի նոր գարուն վարդաբեր,
Եւ մոռացած քո վիշտը հին՝
Նորից կերգես վարդին սեր:

Բայց վայ կյանքի այն խեղճ երգչին,
Որ վաղաժամ որբացած,
Յուր սիրելի, խոսուն վարդին
Յուրտ հողին է նա հանձնած...

Երգչի համար գարուն չի գա,
Ոչ նա նոր վարդ կսիրե,
Նա պետք է լա, պետք է սգա
Մինչ հավիտյան կլռե...

ԴԼԵ ՅԱՄԱՆ

Դլե յաման,
Գյամին էկավ կրակի պես
Վայ դլե յաման,
Էկավ, հասավ չուր ծովու կես,
Յաման, յաման :

Դլե յաման,
Մեր տուն, ձեր տուն իրար դիմաց
Վայ դլե յաման,
Մենք սիրեցինք առանց իմաց
Յաման, յաման:

Դլե յաման,
Արև դիպավ Մասիս սարին
Վայ դլե յաման,
Կարոտ մնացի ես իմ յարին
Յաման, յաման:

Դլե յաման,
Քամին էկավ երան-երան
Վայ դլե յաման,
Գյամին հասավ ծովու բերան
Յաման, յաման:

Դլե յաման,
Քամին էկավ առավ բերդին
Վայ դլե յաման,
Քո սեր կաթավ մեջ իմ սրտին
Յաման յաման:

ԿՈՄԻՏԱՍ ՎԱՐԴԱՊԵՏ

ԻՄ ՉԻՆԱՐԻ ԵԱՐԸ

Արև թովռով ելաւ.
Իմ չինարի եարը.
Մեր բանր կոտվ էլաւ.
Դարդիման եարը.
Թշնամու հոգին մեռնի.
Իմ չինարի եարը.
Իրա չար սրտով էլաւ.
Դարդիման եարը:

Կրկն - Իմ չինարի եարը.
Իմ չինարի եարը.
Իմ չինարի եարը.
Գովական եարը:

Ճրագը վառայ, վառայ.
Հօր հետ վատամարդ դառայ.
Մէր ու ախպէր թող տվի.
Ես իմ սիրածին առայ:
Կրկն.–Իմ չինարի եարը,

Քարափի ծէրին կանչի.
Թող թշնամին ամաչի,
Արեւիդ մեռնեմ, եար ջան,
Չինարի պէս կանաչի:

Կրկն.–Իմ չինարի եարը...

ԼԵ ԼԵ ՅԱՄԱՆ

Լե, լե, յամա՛ն.
Մեր տուն, ձեր տուն դիմաց-դիմաց.
Լե, լե, յամա՛ն,
Հերի'ք անեմ աչքով իմաց,
Յամա՛ն, յամա՛ն, յա՛ր:

Լե, լե, յամա՛ն:
Դու ելեր ես կայներ ես դուռ,
Լե. լե. յամա՛ն,
Ես քու սիրյց սավդալի ծուռ,
Յամա՛ն, յամա՛ն, յա՛ր:

Լե, լե, յամա՛ն,
Արև դիպավ Մասիս սարին,
Լե, լե, յամա՛ն,
Կարոտ մնացի ես իմ յարին,
Յամա՛ն, յամա՛ն, յար:

ԿՌՈՒՆԿ

Կռ'ւնկ, ուստի՞ կուգաս, ծառա եմ ձայնիդ,
Կռ'ւնկ, մեր աշխարհեն խապրիկ մը չունի՞ս,
Մի' վազեր, երամիդ շուտով կըհասնիս,
Կռ'ւնկ, մեր աշխարհեն խապրիկ մը չունի՞ս:

Թողել եմ ու եկել մըլքերս ու այգիս,
Քանի որ ա՛խ կանեմ, կը քաղվի հոգիս,
Կռ'ւնկ, պահ մի կացիր, ձայնիկդ ի հոգիս,
Կռ'ւնկ, մեր աշխարհեն խապրիկ մը չունի՞ս:

Աշունն է մոտեցել, գնալու ես թետպիր,
Երամ ես ժողովել հազարներ ու բյուր,
Ինձ պատասխան չտվիր, ելար գնացիր,
Կռ'ւնկ, մեր աշխարհեն գնա', հեռացի'ր:

ՀՈ՜Յ ՆԱԶԱՆ ԻՄ

Հո՜յ, Նա'զան իմ, Նազան իմ,
Ջա՜ն, Նա'զան իմ, Նազան իմ,
Նա'զան, դուն բարով եկար,
Կանաչ սարերով եկար,
Խոր-խոր ձորերով եկար: (2)
Գարնան սիրուն ծաղիկ ես,
Հո՜յ, Նա'զան իմ, Նա'զան իմ,
Ինձ համար աղունիկ ես,
Ջա՜ն, Նա'զան իմ, Նա'զան իմ,
Գըլխիս վըրով պըտիտ տուր,

Հո՜յ, Նա'զան իմ, Նա'զան իմ,
Նաշխուն թև թիթեռնիկ ես,
Ջա՜ն, Նա'զան իմ, Նա'զան իմ:
Յար ջան, դուն բարով եկար,
Կանաչ սարերով եկար,
Խոր-խոր ձորերով եկար:(2)

ԵՐԿԻՆՔՆ ԱՄՊԵԼ Է

Երկինքն ամպել է,
Ի՜նչ անուշ թոն է.
Գամ դռնէն անցնեմ՝
Հոգեակս հոն է:

Երկինքն ամպել է,
Գետինր թաց է.
Եարս քնել է,
Երեսը բաց է:

Երկինքն ամպել է,
Ի՜նչ անուշ երակ.
Սրտիս մէջ լցւաւ
Մի բուռը կրակ:

Երկինքն ամպել է,
Գետին շաղերով.
Ես քեզ սիրում եմ.
Անուշ խաղերով:

Երկինքն ամպել է,
Գետինը մութ է.
Ես քեզ ուզել եմ,
Թող ասեն՝ սուտ է:

Շորո՜ր դու, շէկլի՛կ եար,
Տեսնեմ՝ դու ումն ես.
Իրաւ եմ ասում՝
Դու իմ սրտումն ես:

ՔՈ ԵՐԱԶՈՒՄ

Եվ ա՛յս գիշեր, քո երազում, տեսել ես, որ ես ու դու
Երեւ-երեւ ճանաչել ենք սիրո ծովում իրարու…

Քո սուրբ սերը սար է դառել
Դալարազեղ, երկնածրար ու բեղուն,
Գլխիդ վերը ամպ է շարել՝
Գալարահեղ, կամարակապ ու զեղուն:

Սարի շողեն, ամպի քողեն՝
Մենավորի ոգին ծնել, դեգերել,
Ձեռին մի բույս՝ կանաչ ու կույս՝
Խորհրդավոր ձորեն քաղել ու բերել:

Ծաղիկ-ծաղիկ քեզ որոնել՝
Ամպի տակին՝ արնծագին շունչ առել,
Ջրի մոտին, կանաչ խոտին՝
Գլխիդ վերն ծիրան-գոտին փունջ արել:

ԻԲՐ ԶԱՐԴ

Օրէ օր
Նորէն նոր
Ճրագ առ,
Կրակ տար
Պահե վառ՝
Անսպառ՝
Մտքիդ յար
Սրտիդ լար
Լուսատու,
Հուսատու:

ԱԼԱԳՅՈԶ ԱՉԵՐԴ

Ալագյոզ աչերդ,
Կամար ունքերդ,
Ուզում եմ հեռանամ,
Չի թողնում սերդ:

Աղե' ջան, ջուրն ընկնեմ,
Մայրի'կ ջան, քար կտրեմ
Շեկ յարի դարդիցը:

Ես քեզ սիրեցի,
Որ ինձ յար ըլնես,
Էրված-վառված սրտիս
Դեղ ու ճար ըլնես:

Աղե' ջան, ջուրն ընկնեմ,
Մայրի'կ ջան, ծովն ընկնեմ
Շեկ յարի դարդիցը:

Ես քեզ ի՞նչ արեցի,
Ինձնից հեռացար.
Քո մեկուճար յարին
Ո՞նց շուտ մոռացար:

Աղե' ջան, ջուրն ընկնեմ,
Մայրի'կ ջան, ծովն ընկնեմ
Շեկ յարի դարդիցը:

ԳԱՐՈՒՆ Ա

Գարուն ա, ձուն ա արել,
Վա՛յ, լե, լե, վա՛յ, լե, լե,
Վա՛յ լե, լե, լե,

Իմ յարն ինձնից ա սառել։
Ա՛խ, չորնա, վա՛խ, ա՛յ յար,
Չար մարդու լեզուն։

Քամին փչում ա պաղ-պաղ,
Լերդ ու թոքս անում ա դաղ։

Յա՛ր, ինձ բեմուրադ արիր,-
Սերըդ ինձնե զատ արիր։

ԳՆԱՑ ՁՄԵՌՆ

Գնաց ձմեռն, եկավ գարուն,
Հալեց ձնիկ վեր սարերուն,
Երթար, լցվեր բարակ առուն.
Վա՛յ, լե', լե', լե', ջա՛ն լե', լե', լե',
Ջա՛ն, լե', լե', լե', վա՛յ լո՛, լո՛, լո՛:

Աղբրանց-արուն* մեջ քարերուն,
Դեղին սուսան՝ վեր սարերուն,
Փունջ մանուշակ՝ մեջ ձորերուն.
Վա՛յ, լե', լե', լե'...

Կանաչ կարմիր գույն-գույն ծաղկունք,
Դաշտեր ամեն էրունք, թռչունք,
Ձենիկ կուգա գառնիկ, մաքուն, -
Վա՛յ, լե', լե', լե'....

* Ծաղկի անուն է, կարմիր գույն ունի

ԵՐԱԶ

Ես լսեցի մի անուշ ձայն, -
Իմ ծերացած մոր մոտ էր, -
Փայլեց նըշույլ ուրախության,
Բայց ափսո՜ս, որ երազ էր:

Կարկաչահոս աղբյուրն այնտեղ
Թավալում էր մարգարիտ, -
Նա հստակ էր, որպես բյուրեղ,
Այն երազ էր ցնորամիտ:

Եվ մեղեդին տխուր, մայրենի
Հիշեց մանկության օրեր.
Մորըս համբույրն ես զգացի,
Ա՜խ, ափսո՜ս, որ երազ էր:

Կըրծքին սեղմեց կարոտագին,
Աչքերս սրբեց - շատ թաց էր, -
Բայց արտասուքս զնում էին...
Ա՜խ, այդ ինչո՞ւ երազ էր...

ԱԼԱԳՅԱԶ

Ալագյազ սարն ամպել ա,
Վա՜յ, լե՜, լե՜, լե՜, լե՜, լե՜, լե՜, լե՜,
Աղբեր իր ձին թամբել ա:
Իմ մա՜յրիկ ջա՜ն, իմ մայրիկ ջան:

Աղբեր իր ձին թամբել ա,
Յարոջ դռնեն անցել ա:

Յարոջ դռնեն անցել ա,
Ելե դաշտը՝ խաղցել ա,
Ելե դաշտը՝ խաղցել ա,
Անձրև եկե, թըրջել ա:

Անձրև եկե, թրջել ա,
Արև զարկե՝ չորցել ա:

Արև զարկե՝ չորցել ա:
Քան կարմիր վարդ բացվել ա:

ՍԵՐ-ՀՈՎԻԿ

Շնչե՜, հովիկ,
Դու թըթովիկ՝
Կյանքի սերը՝
Սրտի բերը՝
Պարուրելով,
Ծարուրելով՝
Ծովի ալքեն,
Ամպի ծալքեն,
Ալ ծաղկունաց
Հրո հալքեն,
Թող նա վառե՜ իմ ծոցիկին ոսկի լույս,
Հողմահարե՜ դու բոցիկին, որ իմ հույս
Լանջիս վրա
Հավետ եռա՜:

ԿԱՅՆԵԼ ԵՄ՝ ԳԱԼ ՉԵՄ ԿԱՐՈՂ

Կայնել եմ՝ գալ չեմ կարող,
Լցվել եմ՝ լալ չեմ կարող.
Քանի որ գնացել ես, յար ջան,
Անունդ տալ չեմ կարող:

Աչքերս ճամփիդ մնաց,
Խելքս ինձանից գնաց.
Քո սիրուն, իմ գլխի տեր, յար ջան,
Յոթն օր մնացի քնած:

Լալվարա ջուրը սառն ա,
Օտարությունը դառն ա.
Տունդ դարձիր, իմ աղբեր, յար ջան,
Բոլորքս պստիկ զառն ա:

ՀՈՒՆՁ

Ջեռավ ամառն ու ջեռավ,
Բերավ կատարն ու բերավ,
Ցայտեց ցորեն
Արտեն, ձորեն:

Ճամփաներում՝
Կյանք է եռում՝
Դաշտեն կալեր կիզվելով,
Հասկեն շարեր դիզվելով:

Երգ ու տաղով
Ոսկի սայլեր ու որան.
Հերկ ու բաղով
Ղղինձ-քայլեր շորորան:

Երգ ու տաղեր՝
Ոսկի սայլեր օրորում,
Հերկ ու բաղեր՝
Ղղինձ քայլեր շորորում:

ԿԱՔԱՎԻ ԳՈՎՔԸ

(Խոսք.՝ Հովհ. Թումանյանի, երաժշտ.՝ Կոմիտասի)

Արև բացվեց թուխ ամպերեն,
Կաքավ թըռավ կանաչ սարեն,
Կանաչ սարեն՝ սարի ծերեն,
Բարև բերավ ծաղիկներեն:
Սիրունի՜կ, սիրունի՜կ,
Սիրունիկ, նախշուն կաքավիկ:

Քո բուն հյուսած ծաղիկներով,
Շուշան, նարգիզ, նունուփարով,
Քո տեղ լըցված ցող ու շաղով,
Քընես-կելնես երգ ու տաղով:
Սիրունի՜կ, սիրունի՜կ,
Սիրունիկ, նախշուն կաքավիկ:

Քո թև փափուկ ու խատուտիկ,
Պըստի կըտուց, կարմիր տոտիկ,
Կարմիր-կարմիր տոտիկներով,
Կը շորորաս ճուտիկներով:
Սիրունի՜կ, սիրունի՜կ,
Սիրունիկ, նախշուն կաքավիկ:

Երբ կըկանգնես մամռոտ քարին,
Տաղեր կասես ծաղիկներին,
Սարեր, ձորեր զըվարթ կանես,
Դարդի ծովեն սիրտ կհանես:
Սիրունի՜կ, սիրունի՜կ,
Սիրունիկ, նախշուն կաքավիկ:

ՉԻՆԱՐ ԵՍ

Չինար ես, կեռանա'լ մի,
Յա՛ր, յա՛ր, յա՛ր.
Մեր դըռնեն հեռանալ մի,
Յա՛ր, յա՛ր, յա՛ր.
Յա՛ր, նա նա՛յ, նայ, նա՛յ, նա՛յ, նա՛յ:
Նայ նա՛յ, նայ, նա՛յ, նա՛յ:

Յա՛ր, քո Աստված կըսիրես,
Յա՛ր, յա՛ր, յա՛ր.
Հեռու ես, մոռանա'լ մի:
Յա՛ր, յա՛ր, յա՛ր.
Յա՛ր, նա նա՛յ, նայ, նա՛յ, նա՛յ, նա՛յ:
Նայ նա՛յ, նայ, նա՛յ, նա՛յ:

Ձեր բաղի դուռը բաց ա,
Ոտներըս շաղով թաց ա.
Ինձանից հեռացել ես՝
Աչքերըս լիքը լաց ա:

Էս գիշեր երազ տեսա,
Հերկերըս վարած տեսա,
Ամոթ քեզի, ա՛յ տըղա,
Քու յարը տարած տեսա:

ՀԱՅԿԱԿԱՆ ՔԱՅԼԵՐԳ

Լո՜, լո՜, լո՜

(Խոսք՝ Ակադեմ. Մ. Աբեղյանի, երաժշտ.՝ Կոմիտասի)

Լո՜, լո՜, լո՜, - Սիփանա սեգ սարի վրա,
Կտրիճները շտապով գալիս են միանում,
Այնտեղ անվախ որդիք հսկա լեռան վերա,
Զենք ու զրահի են ընթանում:
Ահա՛ վառվում են՝ զինվում,
Սանձակոծ ձի հեծնում անհամբեր,
Արյունը նրրանց բորբոք սրտի մեջ եռում,
Թռչում, անցնում անհամբեր,
Զերթ Սիփանա պինդ քամին,
Սլանում են դեպի ցած,
Դաշտի միջին թշնամուն
Պատահում են - և մեծ վրեժ անմոռաց,
Ահեղ կռվում նրանից առնում,
Հատու սուսերը հանում,
Ցեղապետին են սպանում,
Եվ զերթ կիզող հուր վառվում:
Այժմ բոլոր ցեղն ոտի կանգնած՝
Թշնամու դեմ մահառիթ մարտի է կանչում,
Արյան մեծ վրեժը թշնամուց պահանջում,
Եվ թշնամին մարտըված՝
Թողնում փախչում սարե-սար՝
Հետ ձգելով մեծ ավար:
Արյուն թափեցին փոխանակ արյան,
Արյուն քամեց ծարավի սուսեր,
Նրան հագեցած՝ դրեցին պատյան,
Ելնում են ի լեռ՝ սեգ Սիփանն ի վեր,
Սեգ Սիփանա կանաչ գլխին հաղթող
Ցեղն անում է մեծ խնդում,

Եվ ամպերի թանձրության միջից
Հըսկա Սիփանն ամբողջ թնդում.
Էլ չե՛ն գալիս մեզ մոտ թշնամիք,
Սուր տեսան մեր պողպատիք:

ՔԵԼԵ, ՔԵԼԵ

Քելե՛, քելե՛, քելքիդ մեռնեմ,
Քո գովական խելքիդ մեռնեմ:
Սիրավոր լորիկ,
Վիրավոր լորիկ,
Լորիկ,
Սևավոր լորիկ,
Լորիկ ջան:
Քելե՛, քելե՛, քողիդ մեռնեմ,
Քո լուսընկա շողիդ մեռնեմ:

Քելե՛, քելե՛, բերնիդ մեռնեմ,
Քո սիրունիկ ձենիդ մեռնեմ:
Քելե՛, քելե՛, ձենիդ մեռնեմ,
Քո հուր-կրակ սերիդ մեռնեմ,
Քելե՛, քելե՛, աչիդ մեռնեմ,
Քո անուշիկ պաչիդ մեռնեմ:

ՊԱՐ ՆԱՎԱՍՏՅԱՑ

(Ըստ Կոմիտասի)

Աշխույժ նավաստին
Անվեհեր ճակատ՝
Ընդդեմ փոթորկին,
Երգէ անփույթ զըվարթ։
Լառիթ դըմբըլա լա, հա՛, հա՛, հա,
Լառիթ դըմբըլա լա, հա՛, հա՛, հա,
Լառիթ դըմբըլա լա, հա՛, հա՛, հա,
Լառիթ դըմբըլա լա, հա՛, հա՛, հա՛...

Կոհակք փրփրադեզ
Չեն սոսկում վախ մեզ,
Հողմունք սաստկահար
Գըրգռեն մեզ ի պար։
Լառիթ դըմբըլա լա...

Օ՜ն, խըմենք զըվարթ
Գինին մինչ հատակ.
Օ՜ն զըրկենք զիրար
Պարենք մենք անդադար։
Լառիթ դըմբըլա լա...

Զանգակն ուժգնապիրկ
Կոչէ մեզ ի կարգ,
Վերջ տանք խընդության,
Քաշենք մենք մեր պարան։
Լառիթ դըմբըլա լա...

ԿԱՆՉԷ ԿՌՈՒՆԿ

Կանչէ՛, կռո՛ւնկ, կանչէ՝, քանի զարուն է,
Ղարիբներու սիրտը գունդ-գունդ արուն է:

Կռո՛ւնկ ջան, կռո՛ւնկ ջան, զարուն է,
Կռո՛ւնկ ջան, կռո՛ւնկ ջան, զարուն է,
Ա՛խ, սիրտս արուն է:

Կանչէ՛, կռո՛ւնկ, կանչէ՝, քանի արօտ է,
Աշխարհին է արեգակ, սիրտս կարօտ է:

Կռո՛ւնկ ջան, կռո՛ւնկ ջան, արօտ է,
Կռո՛ւնկ ջան, կռունկ ջան, արօտ է,
Ա՛խ, սիրտս կարօտ է:

Կանչէ՛, կռո՛ւնկ, կանչէ՛, քանի արեւ է,
Աշնան կերթաս երկիր, եարիս բարեւէ:

Կռո՛ւնկ ջան, կռո՛ւնկ ջան, արեւ է,
Կռո՛ւնկ ջան, կռո՛ւնկ ջան, արեւ է,
Ա՛խ, եարիս բարեւէ:

ԾՈՎԱԿ

(Խոսք՝ Րաֆֆու. երաժշտ.՝ ըստ Կոմիտասի)

Ձա'յն տուր, ո՛վ ծովակ, ինչո՞ւ լռում ես,
Ողբակից լինել չկամի՞ս դժբախտիս:
Շարժեցե'ք, զեփյո'ւռք, ալիքը վետ-վետ,
Խառնեք արտասուքս այս ջրերիս հետ:

Հայաստանի մեջ անցքերին վկա,
Սկզբից մինչ այժմ, խնդրեմ ինձ ասա',
Մի՞թե միշտ այսպես կմնա Հայաստան
Փշալից անապատ, երբեմն բուրաստան:

Մի՞թե միշտ այսպես ազգը խղճալի,
Կլինի ծառա օտար իշխանի,
Մի՞թե աստուծո աթոռի մոտին
Անարժան է հայն ու հայի որդին:

Արդյո'ք գալո՞ւ է մի օր, ժամանակ,
Տեսնել Մասիսի գլխին մի դրոշակ,
Եվ ամեն կողմից պանդուխտ հայազգիք
Դիմել դեպ յուրյանց սիրուն հայրենիք:

Դժվա'ր այդ, միայն տեսուչդ վերին,
Կենդանացրո'ւ հայության ոգին,
Ծագի'ր նոցա դու քո լույս գիտության,
Որով իբր էակ նոքա բանական
Կճանաչեն մարդուս կյաքի խորհուրդը,
Կլինին գործովք տիրոջ փառաբան:

ՍԱՅԱԹ-ՆՈՎԱ

Ամեն մարթ չի՛ կանա խըմի՝ իմ ջուրը ուրիշ ջըրեն է՛,
Ամեն մարթ չի՛ կանա կարթա՝ իմ գիրը ուրիշ գըրեն է.
Բունիաթս ավազ չիմանաս՝ քարափ է, քարուկըրեն է…
(ԴՈՒՆ Է՛Ն ԳԸԼԽԵՆ ԻՄԱՍՏՈՒՆ ԻՍ)

ՔԱՄԱՆՉԱ

(ԱՄԵՆ ՍԱԶԻ ՄԵՉԸՆ ԳՈՎԱԾ)

Ամեն սազի մեչըն գոված դուն թամամ տա՛ սն իս, քամանչա՛,
Նաքազ մարթն քիզ չի տեսնի, դուն նըրա պա՛ սն իս, քամանչա՛,
Ղա՛ստ արա՝ է՛լ լավ օրերու էդիվըն հասնիս, քամանչա՛,
Քիզ ինձնից ո՞վ կանա խըլի, աշուղի բա՛ սն իս, քամանչա՛:

Անգաձըտ էրծաթեն պիտի, գըլուխըտ ջավահիր քարած,
Կութըտ շիրմայեմեն պիտի, փուրըտ սաղափով նաղշ արած,
Սիմըտ օսկեն քաշած պիտի, էրկաթըտ փանջարա արած.
Օչով դիմեթըտ չի գիդի-լալ ու ալմասն իս, քամանչա՛:

Ճիպուտըտ վարաղնած պիտի՝ թաիր ունենա հազար ռանգով.
Չարըտ ռաշի կուղեն պիտի, վուր դուն խոսիս քաղցըր հանգով.
Շատին զարթուն կու լուսացնիս, շատին կու քընեցնիս բանգով՛
Անուշահամ գինով լիքըն դուն օսկե թասն իս, քամանչա՛:

Ածողիտ էրկու կու շինիս. առաչ չայի, ղափա գուզիս,
Կու մեծըրվիս այվընումըն, պարապ վախտի բափա գուզիս,
Ցիփ վէր զու քաս՝ մեջլիսումըն քաղցըր զող ու սափա գուզիս.
Բոլորքըտ զոզալնիր շարած մեջլիսի կեսն իս, քամանչա՛:

Շատ տըխուր սիրտ կու խնդացնիս, կու կըտրիս հիվընդի
դողըն.
Ցիփ քաղցըր ձայնըտ վիր կոնիս, բաց կուլի հիդըտ խաղողըն.
Խալխին էս իլթիմազն արա՝ ասին. «ապրի քու ածողըն».
Քանի սաղ է Սայաթ - Նովեն, շա'տ բան կու տեսնիս, քամանչա՛:

ՄԻՐԵՐԳ

Էշխէմէն էնպէս վառվիլ իմ՝
Վունց մէջլում եա՛ր իմ ասում,
Գօզալի տիսուն կարօտ իմ՝
Հիդ քաշվի սա'ր, իմ ասում:

Ղուրբան իմ ծուցիդ նըռանըն,
Հօքիս տամ շիմշատ կըռանըն,
Թաք պառկիմ եարի դըրանին, –
Գլխօքըս քար իմ ասում:

Հաքիլ էս ատլաս խասէմէն,
Խըմեցո՛ւ ձեռիդ թասէմէն,
Համաշա էշխիդ բասէմէն
Էրվում իմ, ճար իմ ասում:

Բաղ կու սիրիմ, ես բաղման չիմ,
Բաղի տիրուչըն ճանաչիմ,
Բլբուլ իմ՝ սիրօվ վարթ կանչիմ, –
Հիդ քաշվի խա՛ր, իմ ասում:

Մէջլիսներու խաղըն դուն իս,
Վանքերումըն տաղըն դուն իս,
Սայաթ-Նօվաու բաղըն դուն իս,
Կարօտ իմ, բառ իմ ասում:

ԱՐԻ ՀԱՄՈՎ ՂՈՒԼՈՒՂ ԱՐԱ

Արի համով ղուլուղ արա, խալխի նոքար, Սայաթ-Նօվա.
Ամէն մարթ չի' կանա ճանգի շահօվ շըքար, Սայաթ-Նօվա.
Ով քիզի լիղի պարքիվէ, դուն տուր շաքար, Սայաթ-Նօվա.
Ղաստ արա' շուշէղ չը կօտրին, չը խըփին քար, Սայաթ-Նօվա.

Թէգուզ դըպրատանըն պահ տաս՝ ծէծօվ չ'ի խրատվի խիվըն,
Ինչրու անձնէն չը դուս էհա անախտէլի էն չար դիվըն.
Բէղաայլըն՝ աըլ չի՛ դառնա, թօլօվ չ'ի սիպտակի սիվըն.
Ծուռըն փէտըն չի դըրըստի ռանդան, դուրգար Սայաթ-Նօվա:

Թէգուզ իմանաս, գիդէնաս աստղերու համբարքըն սիրուն.
Անբարի գուրձըն կորած է' կարթա' հարանց վարքըն սիրուն.
Ավիտարանի խօսկիրըն՛ մարքարիտէ կարքըն բիրուն.
Մի ածի խուզի առչիվըն լալ ու զօվար, Սայաթ -Նօվա:

Վուր տիղ հասնիք, Վուր տիղըն սուք, վուր տիղ սօյբաթ խաղ
է ըլում.
Վուր տիղ ժամ, վուր տիղ պատարաք, Վուր տիղ սիրօվ տաղ
է ըլում.
Թէ վուր հօքուղ կամքն իս անում, մարմինդ բէղամաղ է ըլում.
Վո՞ւր մէ դարդին կու դիմանաս, դու ջրատար Սայաթ-Նօվա:

ԽՐԱՏԱԿԱՆ

Արի՛ ինձ անգաձ կա՛լ, ա՛յ դիվանա սիրտ,
Հայա սիրէ՛, աղաբ սիրէ՛, եար սիրէ՛,
Աշխարհիքըս քունն ըլի, ի՞նչ պիտիս տանի՝
Աստուած սիրէ՛, հոքի սիրէ՛, եար սիրէ՛:

Էն բանն արա՝ վուր Աստուծու շարքումն է,
Խրատն իրըն՝ գըրած հարանց վարքումն է,
Երիք բան կայ՝ հոգու մարմնու կարքումն է՝
Գիր սիրէ՛, ղալամ սիրէ՛, դավթար սիրէ՛:

Ե՛կ արի՛ սի՛րտ, մի՛ կէնա դուն մէ դամաղի,
Հալալ մըտիկ արա հացի ու աղի,
Հէնց բան արա՝ մարդ վըրէդ չը ծիծաղի՝
Խրատ սիրէ՛, սաբըր սիրէ՛, շար սիրէ՛:

Հընպարտութին չ՛անիս՝ դուր զու քաս տէրիդ,
Խօնարութին արա՛ կանց քիզ դէվէրիդ,
Աստուած դիփունանցըն մին հոքի էրիտ՝
Աղկատ սիրէ՛, ղօնաղ սիրէ՛, տար սիրէ՛:

Սայա՛թ-Նօվա, էրնէ՛կ քիզ, թէ է՛ս անիս՝
Հօքուղ խաթրի մարմնուղ ունքըը կէս անիս.
Թէ զ՛ուզիս վուր դաղաստան չը սէսանին՝
Վանք սիրէ՛, անապատ սիրէ՛, քար սիրէ՛:

ՆԱԶԱՆԻ

Է՛յ բէմուրազ մի սըպանի,
Չունքի արիր սէր, նազանի.
Թէ քիզ ավէլ եար սիրիմ,
Ումբրէս չանիմ խէր, նազանի:

Աշխարումըս դուն իմ ջան իս,
Դուն իմ Շահ իս, Սուլթան խան իս,
Ի՞նչ կուլի միզ մըտիկ անիս,
Հազարէն մէ ջէր, նազանի:

Ղարիբ դարվիշ իմ, հաջ չունիմ,
Գլխիս էրծաթէ թաջ չունիմ,
Եիս քիզ ավէլ իլաջ չունիմ,
Դուն դառի ինձ տէր, նազանի:

Կըրակ տըվիր կրակըն ավէլի,
Չախմախ ունիս դուն ցավէլի,
Աշխարում քիզնից ավէլի
Օ՞վ ասավ թէ կէր, նազանի:

Սայաթ -Նօվէն իմ, ճար չունիմ,
Եիս վարթըն իմ, մին խար չունիմ,
Թէ դուն ասիր եաղնար չունիմ,
Իզրարըը զըթար, նազանի:

ՏԱՂ ՄԻՐՈՑ

ՍԱՅԱԹ – ՆՈՎԷՆ

Ի՞նչ կօնիմ հէքիմըն, ի՞նչ կօնիմ չարէն,
Քու տըվածըն ուրիշ դիդ է, ո՛ւրիշ դիդ,
Էրում է մըհլամըն, չէ լավնում եարէն,
Քու տըվածըն ուրիշ դիդ է, ո՛ւրիշ դիդ:

ՄԻՐԷԿԱՆՆ

Ասաց թէ. «Հէռացի՛ գլխէմէս գընա՛,
«Քու ասածըն ուրիշ տիդ է, ո՛ւրիշ տիդ,
«Էտ քու արարմունքըն քիզի չի մընա,
«Քու ասածըն ուրիշ տիդ է, ո՛ւրիշ տիդ:»
Ուրիշ տիդ, ամա՛ն, ուրիշ տիդ:

ՍԱՅԱԹ – ՆՈՎԷՆ

Ասի թէ. «էշխէմէդ չ՛իմ հանգչում տանըս,
«Ձէռնիրըս թըլացավ՝ չ՛է շինում բանըս,
«Էրվէցաւ ջիգարըս, մաշվէցաւ ջանըս,
«Քու տըվածըն ուրիշ դիդ է, ո՛ւրիշ դիդ:»

ՄԻՐԷԿԱՆՆ

Ասաց. «Իմ դիդէմէն քիզ չը կայ չարա,
«Գընա՛ թէ խելք ունիս՝ գլխիտ ճար արա՛,
«Թէ չէ՝ անիլ կուտամ քիզ փարա փարա,
«Քու ասածըն ուրիշ տիդ է, ո՛ւրիշ տիդ:»

ՍԱՅԱԹ – ՆՈՎԷՆ

Ես բըլբուլ իմ, վարթըս մընաց խարում ըն,
Կըրակ դըրիր սըրտիս խուցի եարումըն,
Վո՛ւնց զըրանքումըն կայ, վունց դաւթարումըն,

Քու տըվածըն ուրիշ դիդ է, ո'ւրիշ դիդ:

ՍԻՐԷԿԱՆՆ

Ասաց թէ. «Քի զարար՛ շինեցիր շահըդ,
«Կըտրէցիր աղաբըդ, կըտրէցիր ահըդ.
«Մի՛ վիթի արունըդ, մի՛ շանց տա մահըդ,
«Քու ասածըն ուրիշ տիդ է, ո'ւրիշ տիդ:»

ՍԱՅԱԹ – ՆՕՎԷՆ

Ասի թէ. «Մազերըդ սուրմա իմ անում,
«Հէնց գիտիս՛ չ՛իմ գիտի, եա՛ր չ՛իմ իմանում.
«Սէրըդ ինձ մահ դարաւ՛ էլ չ՛իմ դիմանում,
«Քու տըվածըն ուրիշ դիդ է, ո'ւրիշ դիդ:»

ՍԻՐԷԿԱՆՆ

Թաքաւուրի թագի լայիղ քարըն իմ,
Շիրինի պէս Փահրադի դիդարըն իմ,
Ես է՛ն գըլխէն Սայաթ -Նօվու եարըն իմ,
Քու ասածըն ուրիշ տիդ է, ո'ւրիշ տիդ:

ՍԱՅԱԹ - ՆՕՎԷՆ

Հինդըս խօսի՛, մի՛ կէնա խոօվի պէս.
Տաղդա տըվիր՝ գէմիս տարար ծօվի պէս.
Կու մէռնիմ,_ չիս տեսնի Սայաթ -Նօվի պէս.
Քու տըվածըն ուրիշ դիդ է, ո'ւրիշ դիդ:
Ամա՛ն, ուրիշ դիդ:

ԷՇԽԷՄԷԴ ՀԻՎԱՆԴԱՑԻԼ ԻՄ

Էշխէմէդ հիվանդացիլ իմ, դիզի համա իմ լալի.
Վախում իմ թէ դարդըն հալէ, եղի համա իմ լալի.
Շահի կարքած վէքիլի պէս գիզի համա իմ լալի.
Տանէն դուս արածի նըման տիղի համա իմ լալի:

Մէ տիզ հուքմի հէքիմ չը կա՝ դուռըն էհամ, կանչիմ հարա.
Վի կէնա լօղմա հէքիմըն՝ բալքամ դարդիս անէ չարա.
Տի՛ս թէ Ինչպէս է շըփօթվի՝ դուն իմ խիլքին մըտիկ արա,-
Ջուրըն էկավ՝ գէրանըս տարավ, ծիղի համա իմ լալի:

Միրտըս էշխէմէն էրած է, դուզուն դաղըն ի՞նչ կօնիմ.
Վո՛ւնց ղօքա ունէ, վո՛ւնց չափար՝ ես էնպէս բաղըն ի՞նչ կօնիմ.
Անղի լարըն կըտըրվիլ է՝ դարդակ սաղաղըն ի՞նչ կօնիմ.
Նիտըս քարումըն կօտրէցի, թիղի համա իմ լալի:

Ղալամըն գիրըս չ՛է գըրում՝ մէչ չուրացած թանքի նըման.
Խօսկիրըս մէկմէկ չ՛ի ասվի՝ իմ աստնէրու բանքի նըման.
Մէչըն չ՛իմ կանացի մըտնի, ծօվի ծածկած վանքի նըման.
Խօստօվնահէրըս հիռացավ, միզի համա իմ լալի:

Գիղումըն՝ մէլիք տանուտէր, քաղաքտիղըն՝ Սուլթան Խան իս.
Բաղումըն՝ վարթ ու մանիշակ, սարումըն՝ սընբուլ սուսան իս.
Ղաբուլ ունէ Սայաթ -Նօվէն՝ թաք քու ձեռօվ դուն սըպանիս.
Մէռնէլուս համա չ՛իմ հօքում, քիզի համա իմ լալի:

ԴԱՐԴ ՄԻ ԱՆԻ, ՋԱՆ ՈՒ ՋԻԳԱՐ

Էսպես դիվանի, լավ տեղ ասած, որը գրեց հայերեն տառ, որը վրաց. թուրքերեն էլ ուզում էի հետը խառնել, բայց չխառնեցի:

Դարդ մի՛ անի, ջան ու ջիգեար, միտքըդ դիւաց չտեսնէ.
Աչք խաւարի, անզաՃ խուլանայ՝ էրեսըդ թաց չտեսնէ:

Վո՛ւնց արեգակը շուղքը տա, վո՛ւնց լուսինը լուս անէ.
Աւալ քու տեսնողը մեռնի՝ քիզ գըլխաբաց չտեսնէ:
Դուն գըլուխըդ մահի կու տաս, յիս էլ քիզ հիդ կու մեռնիմ.
Միր էդնէն թամամ աշխարիըս սով քաշէ, հաց չտեսնէ:

Թէ վուր չզամ ու չտեսնիմ, հազար բաբաթ բան կ'ուխիս.
Քաշկա մարդ վո՛ւնց զայ, վո՛ւնց խօսի, վո՛ւնց քի տըխրած չտեսնէ:

Աստուծու բերնեմէն առնիս մըխիթարիչ սուրբ հոգին.
Էլ վաղ մեռնի Սայաթ Նովէն՝ Ճիտըդ զըցած չտեսնէ:

ԹԱՄԱՄ ԱՇԽԱՐՀ ՊԸՏՈՒՏ ԷԿԱ

Թամամ աշխար պըտուտ էկա, չը թողի Հաբաշ, նազա՛նի.
Չը տեսա քու դիդարի պես՛ դուն դիփունեն բաշ, նազա՛նի.
Թե՛ խամ հաքնիս, թե՛ զար հաքնիս, կու շինիս դումաշ,
նազա՛նի,
էնդու համա քու տեսնողը ասում է՝ վա՛շ-վա՛շ, նազա՛նի։

Դուն պատվական ջավահիր իս, էնե՛կ քու առնողին ըյի.
Օվ կու զըթնե՝ ա՛խ չի քաշի, վա՛յ քու կորցընողին ըլի.
Ափսո՛ս վուր շուտով մեռիլ է, լուսը քու ծընողին ըլի.
Ապրիլ էր, մեկ էլ էր բերի քիզի պես նաղաշ, նազա՛նի։

Դուն է՛ն գըլխեն ջուհարդար իս, վըրեդ զարնըշան է քաշա՛ծ.
Դաստամազիդ թիլի մեչը մե շադա մարջան է քաշած.
Աճկիրըդ օսկե փիալա՝ չարխեմեն փընջան է քաշած.
Թերթերուկըդ նիտ ու նաշտար, սուր ղալամ թըրաշ, նազա՛նի։

էրե՛սըդ՛ փարսեվար ասիմ, նըման է շամս ու ղամարին.
Բարակ մեճկիդ թիրման շալը նըման է օսկե քամարին.
Ղալամը ձեռին չէ կանգնում, մաթ շինեցիր նաղըշքարին.
Յիփ նըստում իս՛ թութի դուշ իս, յիփ կանգնում իս՝ ռաշ,
նազա՛նի։

Յիս է՛ն Սայաթ Նովասին չիմ, վուր ավզի վըրա հիմնանամ.
Աջաբ միզիդ ի՞նչ իս կամում՝ սըրտեդ մե խաբար իմանամ.
Դուն կըրակ, հաքածըդ կըրակ, վո՞ւր մե կըրակին դիմանամ.
Հընդու ղալամաքարու վըրեն ծածկիլ իս մարմաշ, նազա՛նի։

ՎՈՒՆՑ ՕՐ ՎՈՒՐ ՂԱՐԻԲ ԲՈՒԼԲՈՒԼԸ

Էսպես Դիբա ու յինգիդունիայի հանգում, որ մուսադասի կասին. Արութինի ասած.

Վունց օր վուր ղարիբ բուլբուլը մե տարով բաղին կարոտ է
Էնենց զու լա քու սիրողը՝ ձեռիդ յարաղին կարոտ է.
Դուն ուրիշի հիդ մի՛ խոսի, քու ճուրտը աղին կարոտ է.
Հասիլ է ծուցիդ շամամը՝ օսկե թաբախին կարոտ է:

Մե զադ չը կա՛ զուման ածիմ, ասիմ, էն նըման է զանքըդ
Անղալամ անզարնիշ քաշած օսկու պես է փայլում ունքըդ
Բոյեմեդ չուրս մատն ավելի լըցվիլ է դոշդ ու թիկանքըդ,
Զարով, աբրեշումով հուսած մազիրըդ շաղին կարոտ է:

Դուն խում է՛ն զլխեն զոված իս, յիս քիզ նուրմեկ զովիմ, արի
Ծուցըդ վարաղնած հուչրա է, հուտ ունե մուշկ ու ամբարի
Ցիրիք հարուր վացունուվից ամեն անդամըդ ղարարի,
Կուռըդ շիշմատ, մատնիրըդ մում՝ բըրոլե ճաղին կարոտ է:

Յիս է՛լ ուրիշի յար չիմ սիրի, աշխարումըս դուն իս իմը,
Թե մե շափաթ քիզ չիմ տեսնի, կու կըտրիմ քամանչի սիմը,
Թեզուզ թաքավարը կանչե, թեզուզ Լողըման հեքիմը,
Վո՞ւր մե դարդըս կու հասկանան՝ դուզումըս դաղին կարոտ է:

Գիշիր-ցերեկ ման իմ զալի էշխեդ յանա-յանա, զո՛զալ,
Անզաճ ա՛րա, մատաղ իմ քիզ, մե քիչ կամաց զընա, զո՛զալ.
Աշխարըս ո՞ւմն է մընացի, վուր ինձ ու քիզ մընա, զոզալ.
Մազամ մեռա՞վ Սայաթ Նովեն, անզաճըդ խաղին կարոտ է:

ԴՈՒՆ Է՛Ն ԳԸԼԽԵՆ ԻՄԱՍՏՈՒՆ ԻՍ...

Դուն է՛ն գըլխեն իմաստուն իս, խիլքտ հիմարին բաբ մի՛ անի,
էրազումըն տեսածի հիդ միզի մե հեսաբ մի անի,
Ցիս խոմ էն գըլխեն էրած իմ, նուրմեկանց քաբաբ մի' անի,
Թե վուր գիդիմ բեզարիլ իս, ուրիշին սաբաբ մի՛ անի։

Չը կա քիզ պես հուքմի-հեքիմ՝ դուն Ռոստամի Զալ, թաքավուր.
Անկըտ անկերումըն գոված՝ հա'մդ ունիս, գոզալ թաքավուր.
Թե էսանց էլ սուչ ունենամ՝ գլուխս արա տալ, թաքավուր,
Մըտիկ արա քու Ստեղծողին՝ նաիախ տիղ ղազաբ մի՛ անի։

Յարալուն հեքիմն էնդուր գուզե՝ դի'ղ տալու է, ցա'վ տալու չէ.
Քանի գուզե արբաբ ըլի՝ դուլըն աղին դավ տալու չէ.
Դու քու սիրտըն իստակ պահե, յագի խոսկըն ավտալու չէ.
Աստծու սերըն կանչողի պես դըռնեմետ ջուղաբ մի՛ անի։

Ամեն մարթ չի՛ կանա խըմի՝ իմ ջուրըն ուրիշ ջըրեն է.
Ամեն մարթ չի կանա կարթա՝ իմ գիրըն ուրիշ գըրեն է։
Բունիաթըս ավաղ չիմանաս՝ քարափ է, քարուկըրեն է՝
Սելավի պես, առանց ցամքիլ, դուն շուտով խարաբ մի՛ անի։

Քանի գուզե քամին տանե՝ ծովեմեն ավազ չի պակսի.
Թեզուզ ըլիմ, թեզուզ չըլիմ՝ մեջլիսներուն սազ չի պակսի.
Թե կու պակսիմ, քիզ կու պակսիմ՝ աշխարիս մե մազ չի
պակսի.
Սայաթ-Նովու գերեզմանըն Հինդ, Հաբաշ, Արաբ մի՛ անի։

ՔԻ ՍԱԶ ԳՈՒ ՔԱ ԱԼ ՂՈՒՄԱՇԸՆ

Քի սազ գու քա ալ ղումաշըն, նազանի.
Եկ ճակատիտ կապե զարլու մուղայիշ,
Ձիռիտ բռնե օսկեջրած մըկրատըն,
Խումճում-խումճում ծամերուտ տուր արայիշ:

Պատվական տեսնելու նովաբ ու նաջար,
Բլբուլին սըպանող թոփ վարթի սաջար.
Ունքիրըտ աչկիրուտ էլավ մուհաջար,
Թերթերուկիտ մազըն զար՝ օսկով զարնիշ:

Հուտըտ աշխար բըռնից, փըռանգի մաջում.
Դաստա-դաստա մազըտ՝ սիմ ու աբրեշում.
Կռնիրըտ շիմշատ է, մատնիրըտ է մում,
Բոյըտ սարվի ունիս, մեչկըտ է ղամիշ:

Բեմուրվաթ յար, խիլքըս գլխես մի տանի.
Դարդիրըս շատացավ քանի մե քանի.
Գիդիմ վուր, յար, դուն ինձ լայիղ չիս անի՝
Դուն մե թաքավուր իս, յիս մե խիղճ դավրիշ:

Դաստամազըտ նըման սմբուլ-սուսանի.
Վախում իմ, թե սերըտ սիրտըս կես անի.
Կու միռնիմ, էլ ինձ պեսին չիս տեսանի,
Քու Սայաթ-Նովեն իմ, մի՛ անի դիմիշ:

ԲԼԲՈՒԼԻ ՀԻԴ

Բըլբուլի հիդ լաց իս էլի,
Վարթի նըման բաց իս էլի,
Վարթաջրով թաց իս էլի,
Թաց իս էլի:

Չկա քիզի նման, չկա քիզի նման
Քիզ նման, քիզ նման,
Դուն իս աննման:

Սիրունութինտ էլավ արբաք
Մազիր ունիս՝ սիմ ու շարբաք
Քի սազ զու քա դուշլու զարբաք,
Ղուշլու զարբաք:

Չկա քիզի նման, չկա քիզի նման
Քիզ նման, քիզ նման,
Դուն իս աննման:

Էրեսըտ է շամս ու ղամար
Ջանըս դուս զու քա քիզ ամար:
Միչկիտ ունիս օսկե քամար,
Օսկե քամար:

Չկա քիզի նման, չկա քիզի նման
Քիզ նման, քիզ նման,
Դուն իս աննման:

Հաքիտ զարըն ալ իս արի
Բըլբուլի հիդ լալ իս արի
Բարկ էրեսիտ խալ իս արի,
Խալ իս արի:

Չկա քիզի նման, չկա քիզի նման
Քիզ նման, քիզ նման,
Դուն իս աննման:

Դարդըս ասիմ՝ գու լան սարիր
Էս ի՞նչ բան էր, վուր դուն արիր-
Սայաթ-Նովուն ջունուն արիր-
Ջունուն արիր:

Չկա քիզի նման, չկա քիզի նման
Քիզ նման, քիզ նման,
Դուն իս աննման:

ԷՍՕՐ ԻՄ ՅԱՐԻՆ ՏԵՍԱ

Էսօր իմ յարին տեսա բաղչի մեչըն ման գալով,
Գեղինըն զարթարվեցավ իմ յարի օսկե նալով.
Բըլբուլի պես պտուտ էկա վարթի վրա ձեն տալով,
Ջունուն էլավ խիլքըս գըլխես, սիրտս տխուր, աչկս լալով.

Հույս ունիմ իմ ստեղծողիմեն՝ միր դուշմանն ըլի էս հալով:
Յա՛ր, էտ քու նազ ու ղամզով ջանս փուլ ու փանդ իս արի,
Խմիլ իս էշխով շարբաթըն՝ պոռշնիրըտ ղանդ իս արի.
Խաթրով, խալով, քաղցր լիզվով շատ ինձ պեսին բանդ իս արի.

Չունքի մահս յարիմեն է, թուղ լի մեռնիմ լավ զոզալով:
Տարին-տասներկու ամիս մազիրըտ հուսած կուլի.
Պոռշեմետ միղր է կաթում, թողնիս՝ յախետ թաց կուլի.
Գարնան շնչի ծաղկի նման կարմիր վարթըտ բաց կուլի.

Ինչ օգուտ է քու բաղմնչուն՝ ղարիբ բլբուլըն լաց կուլի,
Մուրվաթ չունիս, պտուտ գու քա բաղչի վրա ճըկճըկալով:
Յիփ քու սուրաթն կու քաշին՝ նախշումն շընուք կու տաս.
Կու վըռվռաս ճրաքի պես՝ սաղչումն շընուք կու տաս.

Մըշկով լիքն բըրոլի պես, թաղչումն շընուք կու տաս.
Բաց կուլիս կարմիր վարթի պես՝ բաղչումն շընուք կու տաս.
Քամին դիբչի փոթլիտ մեչն՝ հոտըտ գու քա վըռվռալով:
Յիս էլ ուրիշ յա՛ր չունիմ, էս գլխեն վա՛ղ իմացի.

Ա՛նզաճ արա, մա՛տաղ իմ քիզ, էս խոսկս սա՛ղ իմացի.
Մտիկ արա քու ստիղծողին, տուզ-նամազ-ա՛ղ իմացի.
Սայաթ-Նովին մի՛ ջզրեցնի՝ էշխեմետ տուսաղ իմացի.
Խիլքս գլխեմես տարիլ իս քու, բե՛մուրվաթ, զարդիշ տալով

ԱՌԱՆՑ ՔԵԶ Ի՞ՆՉ ԿՈՆԻՄ

Առանց քիզ ի՞նչ կոնիմ սոյբաթն ու սազըն.
Ձիռնեմես վեր կոծիմ չանգիրըն մեմեկ.
Չունքի ուշկ ու միտկըս իրար շաղեցիր՝
Փահմես կու հիռացնիմ հանգիրըն մեմեկ:

Մե դուգունըն էրկու դաղին ի՞նչ անե,
Մե նոքարըն էրկու աղին ի՞նչ անե,
Մե բաղմանչին էրկու բաղին ի՞նչ անե,
Փեյվանդ գուզե թազա տընգիրըն մեմեկ:

Ղուրթ ին ասի փիր ուստաքար դաղիրըն.
Բաղ շինեցի, վարթըն քաղից վաղիրընե.
Ջափեն յիս քաշեցի, սափեն յաղիրըն.
Ռաղիփն էկավ միզ, էս ռանգիրըն մեմեկ:

Առանց քիզ ի՞նչ կոնիմ աշխարիս մալըն.
Չի՛մ անի քալազըն, չի՛մ անի դալըն,
Կու հաքնիմ մազեղեն, կու հաքնիմ շալըն,
Կերթամ ու ման գու քամ վանքիրըն մեմեկ:

Բըլքամ մե մարթ ռաստ գա, վուր ինձ խըրատե,
Գո՛զալ, քու էշխեմեն սիրտըս ազատե.
Կանց յոթըն իմասնասիրացըն շատ է
Էս քու Սայաթ-Նովու բանքիրըն մեմեկ:

ՔԱՆԻ ՎՈՒՐ ՋԱՆ ԻՄ

Քանի վուր ջան իմ, յա'ր, քի դուրբան իմ, աբա ի՞նչ անիմ.
Արտասունք անիմ, շատ հոքուց հանիմ, յա'ր, դադեդ տանիմ.
Ասիր. "Ջեյրան իմ". թուղ քե սեյր անիմ, յա'ր, մըտիկ անիմ,
Մո'ւտ բաղչեն նազով, քիզ գովիմ սազով, յա՛ր, իլթիմազով:

Մազիրըդ դաստա, պըռոշըդ փըստա, հեյրանի վախտ է.
Ցի'կ նընգնինք չոլը, վուր հասնինք գոլը, ջեյրանի վախտ է.
Բըլբուլը՝ վարթին, վարթը՝ բաղաթին, սեյրանի վախտ է,
Մո'ւտ բաղչեն նազով, քիզ գովիմ սազով, յա՛ր, իլթիմազով:

Շուռ զանք հանդամով, յիրգնային նամով թուփը թացվիլ է.
Խաղ կանչինք հանգով, լալեքը ռանգով, վարթը բացվիլ է.
Սուսան սըմբուլով, դարիբ բըլբուլով բաղը լցվիլ է:
Մո'ւտ բաղչեն նազով, քիզ գովիմ սազով, յա՛ր, իլթիմազով:

Պատվական շինած, նըման նմանած Լեյլու դիդարին.
Յա'ր, ուշկըս գընաց, մազիրըդ մընաց վրա մուհաջարին.
Բաղը զարթարած, բըլբուլը քընած վարթի սաջարին:
Մո'ւտ բաղչեն նազով, քիզ գովիմ սազով, յա՛ր, իլթիմազով:

Հաքիլ իս ատլաս, թուրլու զար ու խաս՝ սալբու դալ բովուն.
Ձեռիդ ունիս թաս, լըցնիս ու ինձ տաս, դուրբան իմ մովուն.
Թաք դուն բաղչեն զաս, անիս մասնե-մաս քու Սայաթ Նովուն:
Մո'ւտ բաղչեն նազով, քիզ գովիմ սազով, յա՛ր, իլթիմազով:

ԹԵԳՈՒԶ ՔՈՒ ՔԱՇՆ ՄԱՐԳՐԻՏ ՏԱՆ

Թեգուզ քու քաշըն մարքրիտ տան բրոյի-բրոյի,
Թեգուզ քու քաշըն ալմազ տան բրոյի-բրոյի,
Յա'ր, չիմի տա, չիմ հիռացնի քեզ քու յարեմեն, բարեբարեմեն:

Չիմ քաշվի էկած մահեմեն,
Ռաղիփի տըված ահեմեն բրոյի-բրոյի.
Թեգուզ ռաղամ գա Շահեմեն,
Յա'ր, չիմի տա, չիմ հիռացնի քիզ քու յարեմեն, բարեբարեմեն:

Թեգուզ քու քաշըն ալմազ տան բրոյի-բրոյի,
Թեգուզ քու քաշըն մարքրիտ տան բրոյի-բրոյի,
Յա'ր, չիմի տա, չիմ հիռացնի քիզ քու յարեմեն, բարեբարեմեն:

ԴՈՒՆ ԷՆ ՀՈՒՐԻՆ ԻՍ

Դուն էն հուրին իս, վուր գեմի կու զավթե,
Չունքի ինձ զավթեցիր խափով, նազանի.
Արիվիլք, արիվմուտ, հարավ ու հյուսիս
Չը կա քիզի նըման՝ չափով, նազանի:

Շատ մարթ քու էշխեմեն կու դառնա յիզիդ.
Արի մե ռահմ արա, լա՛վ կացի միզիդ.
Գուզիմ թե համաշա դամ անիմ քիզիդ՝
Սանթուրով, քամանչով, դափով, նազանի:

Դարդիրըս շատացավ՝ ասիլ իմ ուզում.
Աչկեմես արտասունք հուսիլ իմ ուզում.
Համաշա, յա՛ր, քիզիդ խոսիլ իմ ուզում.
Սիրտըս չէ կըշտանում զափով, նազանի:

Հայալու իս՝ աղաբ ունիս, ար ունիս.
Ջիռիտ դաստա կապած սուսանբար ունիս.
Տուր ինձի սըպանե՝ իխտիար ունիս.
Հենչաք ըլի՝ կենաս բափով, նազանի:

Սայաթ-Նովեն ասաց՝ արզ անիմ Խանին.
Ղաբուլ ունիմ՝ քու խաթրու ինձ սըպանին.
Հենչաք ըլի, յա՛ր, գաս իմ գերեզմանին,-
Ածիս խողըն վըրես ափով, նազանի:

ԷՍ Ի՞ՆՉ ԷԼԱՎ ԻՆՁ ՀԻԴ

Էս ի՞նչ էլավ ինձ հիդ, տե'ս, ի՞նչ իմ արի,
Դե վիզըտ ծուռ, գնա', տանեն դուս արած.
Խիլքըս տանուլ տըված լիղնուրթ իմ դառի,
Գժված ման իմ գալի, բանեն դուս արած:

Քաղցր թութըս դառը լիղի շինեցի.
Ցիս մե միղք իմ արի՝ նշտար քաշեցի,
Իմ էն արթար կաթիս արուն խառնեցի.
Բաս էնդու համա իմ նանեն դուս արած:

Ցիս բլբուլ իմ, վարթըս փակից ալալըն.
Տես ի՞նչ արից հուրիզադա ջալալըն,
Կորցրիլ իմ ջավահիրըն ու լալըն,
Մա'դա չունիս, Բաղեշխանեն դուս արած:

Հա' լաց էլա, վա'յ կանչեցի անհաշիվ,
Էլ ի՞նչ օգուտ, ջան տուր, կինքըտ հա՛մաշի,
Էս իմ դարդից թուղ վուր օչով չը քաշի՝
Օչով չըլի սիրեկանեն դուս արած:

Արի', մի'ղք իս, Սայաթ-Նո'վա, միղանչող
Ախպոր ճամփին կինքըս մատաղ ըլի թող.
Սըրան դա'բուլ իմ արարիչ-ստիղծող,
Հոքիս չանիս դրախտիջանեն դուս արած:

ԹԱՔԱՎՈՐ ԻՍ

Թաքավուր իս, դիվանս արա, շա՛ր, քու ա՛րիվըն կու սիրիս,
Միդ ունենամ, գլխոքըս տուր քա՛ր, քու ա՛րիվըն կու սիրիս.
Սրտումըս կա ինթիզար-իղրա՛ր, քու ա՛րիվըն կու սիրիս,
Ուրոր գընաս, ինձ էլ հիդըտ տա'ր, քու ա'րիվըն կու սիրիս:

Վարթըն էյվընումըն կուլի, նամ-նամ արխին սազ ըլիլով,
Կանանչ փոթոլըն բաց կուլի, կարմիր ու գուլգազ ըլիլով,
Ջուրս բոլորքըն ծաղիկնիր ին, ճամփին փիանդազ ըլիլով,
Վարթըն ակոըվին մի շանց տա, ծա՛ռ, քու ա'րիվըն կու սիրիս:

Ակռավը բլբուլ չի դառնա, քանի զուզե, վուր ա՛խ անե.
Ամեն ըռանգ ծաղկի մեչըն՝ կարմիր վարթըն սիրեկան է.
Գուղ մարթըն մանզաղով զու քա, ձիք կու տա, տակռեն կու
հանե,
Մի՛ թողնի ճուխկըտ քաղելու, խա՛ր, քու ա՛րիվըն կու սիրիս:

Բլբուլըն սարեմեն զու քա, իր լիզվովըն բաղ կանչելով.
Մեջլումըն չոլիրում մնաց, Լեյլու համա ախ կանչելով.
Սայաթ-Նովեն վուր բեզրիլ է, շատին էրից խաղ կանչելով,
Ով ջավահիր, անգին ալմաս, յա'ր, քու ա'րիվըն կու սիրիս:

ՄԵ ԽՈՍԿ ՈՒՆԻՄ ԻԼԹԻՄԱԶՈՎ

Մե խոսկ ունիմ իլթիմազով, անգաձ արա, ո՛վ աչկի լուս.
Սըրտումըս ինթիզար ունիմ, քու տիսըն բարով, ա՛չկի լուս,
Աջաբ քիզ ի՞նչ գեթ իմ արի՝ կենում իս խըռով, ա՛չկի լուս.
Աշխարս աշխարով կըշտացավ, յիս քիզանից սով, ա՛չկի լուս:

Մակամ օչով յա՞ր չէ սիրի, էս ի՞նչ արի, էս ի՞նչ բան ա.
Էշխեմետ ջունուն իմ էլի, ման իմ գալի յանա-յանա.
Էս դարդեն օչով չը քաշե, վուր մե դանգին չի դիմանա.
Միրտըս լուրի պես խորվեցիր էշխիտ կըրակով, ա՛չկի լուս:

Դոստիրըս դուշման շինեցիր, յաղերուն ի՞նչպես դոստ անիմ.
Անցկացած օրըն չիմ տեսնում, քանի գուզե վուր դաստ անիմ.
Աստված վըկա, խիստ դըժարա , գըլուխըս ի՞նչպես դուս տանիմ՝
Ցիս մե փուքըր նավի նըման, քու էշխըն է՝ ծով, ա՛չկի լուս:

Գուզիմ բերանըս բաց անիմ, գովքըտ ասիմ թարիփի պես.
Տաս տարի է ման իմ գալիս փաղիշահի շարիփի պես.
Օխտըն տարի էլ ման գու քամ սազըն ձիռիս Ղարիբի պես՝
Բութա Շահսանամըս դուն իս, էլ չունիմ օչով, ա՛չկի լուս:

Թեգուզ հազար դարդ ունենամ, յիս սըրտումըս ահ չիմ ասի.
Իմ հուքմի-հեքիմըն դուն իս, յիս էլ ուրիշ Շահ չիմ ասի.
Սայաթ-Նովեն ասաց. զա՛լում, յիս էն մահին մահ չիմ ասի՝
Հենչաք ըլի՝ դուն վըրես լաս մազըտ շաղ տալով, ա՛չկի լուս:

ԽԸՄԵՑՈՒՐ ՁԵՌԻՏ ԹԱՍԵՄԵՆ

Խըմեցուր ձեռիտ թասեմեն,
Ջո՛ւր իմ ասում, տուր քասեմեն.
Մընացի սըկու մասեմեն
Ա՛չկի լուս, ջո՛ւր իմ ասի,
Հուր չիմ ասի, հուր չիմ ասի,
Թուր չիմ ասի, տուր չիմ ասի:

Գո՛զալ, Աստված քիզի լավ տա,
Չուզողի աչկերուն ցավ տա.
Անզալի խոսկին մի ավտա.-
Ա՛չկի լուս, զուր իմ ասի,
Սուր չիմ ասի, սուր չիմ ասի.
Ջուր իմ ասի, սուր չիմ ասի:

Ով քիզի այան մըտիկ տա,
Աբելին՝ Կայան մտիկ տա.
Ինչ աչկ քիզ խայան մըտիկ տա,
Ջանում յար, կո՛ւր իմ ասի.
Նուր չիմ ասի, նուր չիմ ասի,
Կուր իմ ասի, նուր չիմ ասի:

Ովոր ինձ շինից դիվանա՝
Սուրբ Կարապիտեն խիվանա.
Վաղի էրեսըն սիվանա.-
Ա՛չկի լուս, մո՛ւր իմ ասի.
Չուր չիմ ասի, չուր չիմ ասի,
Մուր իմ ասի, չուր չիմ ասի:

Էշխեմետ խըմած մաստ էկած,
Գըլուխըս մահին ռաստ էկած
Սայաթ-Նովեն իմ տխստ էկած.

Ա՛չկի լուս, ո՞ւր իմ ասի,
Սուր չիմ ասի, սուր չիմ ասի,
Տուր չիմ ասի, սուր չիմ ասի :

ԱՄԵՆ ՄԵ ՄԸՏԻԿ ՏԱԼՈՎ

Ամեն մե մըտիկ տալով տարար խիլքըս, քամալըս.
Է՛յ նազանի, ռահմ արա, դուն մի դառնա աջալըս.
Հենց ձեռովըտ կապեցիր, էնպես բաց էր իղբալըս,
Էշխեմետ հիվանդացա, չիս հարցընում իմ հալըս.
Քիզիքիզ մըտիկ արա, փոշմանելու վախտըն է:

Իմ թալնիլը քու բանն էր, չասացիր ի՞նչ իմ անում.
Սրտով սիրածըս դուն իս, էլ ինչի՞ իս արմանում,
Ուրիշներու խոսկիրով կապած յարես յիղ անում.
Աչկըս ճանապարհըտ է, ինչի՞ իս շատ ուշանում.
Մեր խալվաթ օթախումըն բարիշելու վախտըն է:

Քու պատվական գլուխըտ դուն ավարա մի անի.
Էս իմ խունի ջիգարըս հազար փարա մի անի.
Իմ ու քու սրտի բանն դիփ աշկարա մի անի,
Արութինի շախ սիրտըն մեկ էլ յարա մի անի.
Կամով ու ճիտ անելով փաթաթվելու վախտըն է:

ԱՇԽԱՐՀԵՄԵՆ ԲԵԶԱՐԻԼ ԻՄ

Աշխարեմեն բեզարիլ իմ, էլ բիրնումըս համ չըկա, չէ,
Թառամիլ է սրտիս վարթը, սափա, զող ու դամ չը կա, չէ,
Ամեն մարթ իրանն է քաշում, դարդիման համդամ չը կա, չէ.
Բոլորքըս դամքաշ ին դառի՝ ուրախ սիրտ անգամ չը կա, չէ:

Դառըն խոսկով սիրտըս խուցից, վադի ձեռնեմեն զուլամ յիս,
Դոստիրըս դուշման ին դառի, յադի ձեռնեմեն զուլամ յիս,
Մեկ չէ, էրկու չէ՝ աշխարում շատի ձեռնեմեն զուլամ յիս:
Էհտիբարը վիրացիլ է, ասկ ու բարեկամ չը կա, չէ:

Էյ աղալաթ, հուքմի-հաքիմ, ուչըս ինչ է, ա՛սա ինձի.
Վուր հաքցըրիր իմ չուզեցած սիվ ու սուք լիբասըն ինձի.
Խըմցըրեցիր անմիղ տիղըն, էս աղուի թասըն ինձի,
Հոքուտ մեչ ինսափ, սըրտումըտ շընուխկ ու քարամ չը կա, չէ:

Թե ռուխսաթ տան, սիրտըս բանամ, կու տեսնիք դարդիրըս
ծովա.
Դովրանեմես դուս ին գըցի, իմ տիղըս բըռնողըն ով ա,
Ասում ին - տարքըտ թամամից, լաց ու ողփա, Սա՛յաթ-Նովա,
Հայ վախ, էլ ձիռիս քամանչա, մեջլիսումըն ջամ չը կա, չէ:

ՅԱ՛Ր, ՔԻԶ ԻՍԿԻ ԶԱՎԱԼ ՉԸԼԻ

Յա՛ր, քիզ իսկի զավալ չըլի՝ քու դուշմընին՝ շառ բացարած.
Հուտըտ աշխարըս բըռնիլ է՝ բալասանի ծառ բացարած.
Թըխտիրըտ օսկե վարաղով Ասմավուր իս՝ ճառ բացարած.
Տեսնողըն շարքըն չի գիդի, Լուսնաստըղ պայծառ բացարած:

Ամեն մարթ չի կարա մըտնի՝ էշխիտ ջուրըն հիդ է զա'լում.
Մըտնում է յարսուն կարմունջըն՝ չասիս, թե մե' գիդ է, զա'լում.
Ունքիրըտ սալիդ սաղախ է. թերթերուկըտ նիտ է, զա'լում.
Մըտնողըն էլ չի դուս էհա՝ դուռ, մահու պատճառ, բացարած:

Բարակ մեչկըտ՝ ղարղուղամիշ. էրեսըտ թայգուլի նըման.
Օրըն յարսուն ռանգ կու փոխիս, վո'ւնց մեկըն չէ տուլի նըման.
Ցիփ խաղում իս՝ վըռվըռում իս օցի բերնի հուլի նըման.
Մութըն տիղըն լուս իս տալի առանց կըրակ՝ վառ բացարած:

Բառովին բարով չիսի տա՝ թաքավուրի սալամի պես.
Ձեռնիրըտ՝ սպիտակ մաքաղաթ, լիզուտ օսկե ղալամի պես.
Զարուզարբաբե դըրոշա՝ ման իս գալի ալամի պես.
Տեսնողըն էնպես կիմանա՝ Շահի իս գալի, ջառ բացարած:

Յա՛ր, քիզանից հիռանալըս միռնելուս վըրա դըժար ա.
Լիզուտ քաղցըր, խոսկըտ քաղցըր, ակըռքնիրըտ անգին քար ա.
Իրեք քսան ու տասըն խալըն էրեսիտ բոլորքըն շար ա,
Վունցոր Սայաթ-Նովու լիզուն յոթանասուն բառ բացարած:

ՄԵՋԼՈՒՄԻ ՊԵՍ ԿՈՐԱՎ ՅԱՐԸՍ...

Մեջլումի պես կորավ յարըս,
Լե'յլի ջան, ման իմ գալի յանա-յանա,
էրվեցավ խունի ջիգիարըս,
Արնի պես աչկս է լալի յանա-յանա, յանա-յանա:

Բլբուլի նման լացիլ իմ,
Աչկիրըս արնով թացիլ իմ,
էշխեմետ հիվանդացիլ իմ,
Պառկած իմ դըժար հալի յանա-յանա, յանա-յանա:

Էշխեմետ դառիլ իմ յիգիդ,
Հալվեցա, մաշվեցա քիգիդ,
Ռա'հմ արա, մե խոսի միգիդ՝
Բե'մուրվաթ, ձեն իմ տալի յանա-յանա, յանա-յանա:

էրվում իմ, կանչում իմ ա՜ման.
Ծուցըտ բաղ, ունքիրըտ քաման.
Աշխարհս մեչըն քիզ նըման
Չիմ տեսած, ման իմ գալի յանա-յանա, յանա -յանա:

Մանուշակ բաց արած հովին,
Կարմիր վարթ, ծաղիկ հուտովին,
Շատ մի լացնի Սայաթ-Նովին,
Ա'չկի լուս, կսկծալի՝ յանա-յանա, յանա-յանա:

ԱՐԹԱՐ ԴԱՏԵ, ՉԷ՞ ՎՈՒՐ ԹԱՔԱՎՈՒՐ ԻՍ ԴՈՒ...

Արթար դատե, չէ՞ վուր թաքավուր իս դուն,
Վրաստանում տեր ու զորավուր իս դուն.
Մեկն ինձ կուե՝ «գընա մաշված շուր իս դուն»,
Մեկն էլ կուե՝ «մե հոտած ջըրհուր իս դուն...»:

Վուչ հարսնախոս ունիմ, վուչ էլ կողակից,
Մեջլիսումն էլ նուր խաղք արին, ծաղրեցին.
Ցիս ռամիկ իմ, ինձի վուխչ-վուխչ թաղեցին.
Ո՞ւմ առաջ էլ սրտիս ցավը մաղեցի,
Վուխչն ինձ ասին՝ «մե անպատիվ հուր իս դուն»:

Սազը քոքած, ձեռիս բռնած, հազըրված,
Թաքավուրի մող գընացի զարթըրված.
Ինձ յիդ տըվին, վունցոր փուշըս կոտըրված.
Էրնեկ լիզուն չիմանայի յիս նըրանց.
Ասին՝ «գընա, էրեսըտ սիվ մուր իս դուն»:

Աստծու կամոք մարթըս օղորմած պիտի.
Սարն էլ սարին կու հանդիպի, ով գիտի,
Է՛րնեկ մենակ ինձ ծեծելով խըրատիր,
Կամ քու ձիռով ինձ յիդ տայիր, անպատվիր,
Իմ հոքնուր մինձ ծնուղքը վուր իս դուն:

Թեզուզ չարթին, ջանըս փետով վեր հատին,
Շունչըս բիրնիս յիս ինձ քիզնից չիմ զատի.
Ծովը կընգնիմ, թե վուր Քուռն ինձ ազատի...
Սայաթ-Նովա, քու լիզվովըն ցավ դատի,
Հալբաթ դարդ ու ցավի մե ախպուր իս դուն:

ԱՇԽԱՀՐՈՒՄՍ ԱԽ ՉԻՄ ՔԱՇԻ

Աշխարումըս ա՛խ չիմ քաշի, քանի վուր ջա՛ն իս ինձ ամա.
Անմահական ջըրով լիքը օսկե փընջան իս ինձ ամա.
Նըստիմ, վըրես շըվաք անիս՝ զարբաբ վըրան իս ինձ ամա.
Մուչս իմա՛ցի, էնենց սըպանե, սուլթա՛ն ու խան իս ի՛նձ ամա:

Մեձկըդ սալբ ու չինարի պես, ռանգըդ փըռանգի ատլաս է,
Լիզուդ շաքար, պռոշըդ ղանդ, ակռեքըդ մարքրիտ ալմաս է.
Օսկու մեչը մինա արած, աձկիրըդ ակնակապ թաս է.
Պատվական անգին ջավահիր, լալ-բադեշխան իս ինձ ամա:

Յիս էս դարդին վո՛ւնց դիմանամ՝ մազա՞մ սիրտըս ունիմ քարած,
Արտասունքս արուն շինեցիր, խիլքըս գըլխես ունիմ տարած,
Նուր բաղ իս, նուր բաղչի մեչը, բոլորքըդ վարթով չափարած
Վըրեդ շուռ գամ բըլբուլի պես՝ սիրով սեյրան իս ինձ ամա:

Քու էշխըն ինձի մաստ արավ յիս զարթուն իմ, սիրտըս է քընած.
Աշխարըս աշխարով կըշտացավ, իմ սիրտըս քիզնից սով մընաց.
Յա՛ր, քիզ ինչո՞վ թարիփանիմ՝ աշխարամըս բան չը մընաց.
Կրա՛կե, ծովեմեն դուս էկած, ռաշ ու ջեյրան իս ինձ ամա:

Ի՛նչ կուլի մեկ հիդըս խոսիս, թե վուր Սայաթ Նովու յար իս.
Շուխկըդ աշխարըս բըռնիլ է՝ արեգագի դեմը փար իս.
Հուտով հիլ, միխակ, դարչին, վարթ, մանիշակ, սուսանբար իս,
Կարմըրագուն՝ դաշտի ծաղիկ, հովտաց շուշան իս ինձ ամա:

ՇԱՏ ՍԻՐՈՒՆ ԻՍ

Ինձ սիրեցիր, էշխըն ընգար, խաղի դավթար իմ քիզ ամա.
Մի' քաղի փըշի ծաղիկըն՝ վարթ սուսանբար իմ քիզ ամա.
Չիմ թողնի արեգագումըն՝ բաղչի սաջար իմ քիզ ամա.
Ցիս քու մահըն վո՞ւնց կու խընդրիմ՝ նուղլ ու շաքար իմ քիզ ամա:

Է՛լ քու բաղին մըտիկ արա, ուրիշ բաղեն վարթ չին տա քիզ.
Աղ ու հացըն մի դեն գըցի, շափթենը մեկ մըտիկ տու միզ.
Թեգուզ աշխարըս պըտուտ գաս՝ չիս տեսնի ինձի պես ազիզ.
Թաք ուրիշ գոզալ չը սիրիս՝ իղրարով յար իմ քիզ ամա:

Թաք յիս մորես չէի ծընի. վա'յ էն օրին՝ յիս քիզ տեհա.
Դու բըլբուլ իս՝ յիս կարմիր վարթ. չասիս, թէ վարթըն ջալդ
կեհա.
Մե փուքըր էտենց դիմացի, շուտով Հընդստան մի էհա.
Անգործիլ անխարջ ու քըրիհ մանդիլի զար իմ քիզ ամա:

Աստված վըկա, դիմիշ արած գըլուխըս քիզ մատաղ ըլի.
Եկ քիզիդ սիրով դամ անիմ, ով գուզե բեդամաղ ըլի.
Ցիս քու խոսկեն չիմ անց կենա, թաք քու դամաղըն չաղ ըլի.
Թեգուզ անմահութին ուզիս, սիրով կու ճարիմ քիզ ամա:

Քու դարդըն ինձի պառվեցուց. ո՞ւմըն ասիմ, Սա'յաթ-Նովա.
Մի զըցի ձեռնեմեն ձիռըն՝ օսկե թաս իմ, Սայաթ Նովայ .
Փռանգըստանու միչեն էլած՝ զար ատլաս իմ, Սա'յաթ-Նովա.
Ծալե դավթարըտ, դութին դի՝ րանգ ու բուքար իմ քեզ ամա:

ՀՈՒՐ ԻՍ ԷՇԽՈՎ ԿԸՐԱԿԱԾ

Հուր իս էշխով կըրակած,
Խոսկ իմ ասում առակաց,
Իմ սիրամա-էրծաթ ախպեր՝
Օսկեջըրով վարակած:

Համբուրիմ՝ սիրով համբուր,
Վունցոր խեչին է դաստուր.
Ով քիզ խայան մըտիկ տա,
Դառնա էրկու աչկով կուր:

Վուր յիս ասիմ՝ իմացի,
Էշխի մեչըն հիմացի.
Ինձ հուրյան-բիրյան արիր,
Ասում իս, թէ դիմացի:

Հուր իս, սիրով սիրական,
Քիզի դուլուղ պատվական,
Հազար թուրլու կերակուր,
Սուրփ զինի անապական:

Պըխտուր սիրտըտ պարզ արա,
Բլբուլի պես փարզ արա,
Աստըձուն փառք Քաղկումն իս՝
Դարդըտ Խանին արզ արա:

Արզ իս անում հազարին,
Հա՛ զարբաբին, հա՛ զարին.
Սիրտըս յարալու արիր՝
Աչկըս գուլա հա՛ զարին:
Հազարին հազար պիտի,
Էրած սրտին ճար պիտի,

Յիս մէ էշխի ջունուն իմ՝
Ինձ մէ դողրու յար պիտի:

Յարի լիզուն բլբուլ է,
Դաստամազըն սըմբուլ է.
Սայաթ-Նովէն լալիս է,
Մա՞կար ղարիբ բլբուլ է:

ՄԸՏԱ ԷՇԽԻ ՔՈՒՐԵՆ

Էս հայերեն դարահեջա է:

Մըտա էշխի քուրեն խալիս դառնալու,
Սիրտըս էլավ քէ ու այիբ, էրկու բէն,
Կամավ սովդեն մըտա դարդը բառնալու,
Էլ ո՞ւմ բըռնիմ սէ ու այիբ էրկու բէն:

Դադա պիտի խոսկը դաղիմի շինե.
Շարբաբի միչումը խամ թիլ չը հինե.
Ջորու նըման շասե՝ իմ դեդեն ձին է,
Մարթ վուր ըլի նու ու այիբ էրկու բէն:

Ինչպես վուր կըրակին չի դիմանա մում,
Էնպես սախաթ կուլի, օվ օր խոսի հում.
Սայաթ Նովեն ասաց՝ էնդուր չէ պակսում
Էրկու աճկես էրկու այիբ, էրկու բէն:

ԱՐԻ, ԻՆՁ ԱՆԳԱՃ ԿԱԼ

Արութինի սաած, ուշլամա

Արի՛, ինձ անգաճ կա՛լ, ա՛յ դիվանա սիրտ,
Հայա սիրե, աղաբ սիրե, ար սի՛րե.
Աշխարքըս քունն ըլի, ի՞նչ պիտիս տանի,
Աստված սիրե, հոքի սի՛րե, յար սի՛րե:

Էն բանն արա, վոր աստըձու շարքումն է,
Խըրատնիրը գըրած՝ Հարանց վարքումն է.
Ցիրիք բան կա՝ հոքու մարմնա կարքումն է՝
Գիր սի՛րե, ղալամ սի՛րե, դավթար սի՛րե:

Ցի՛կ, ա՛րի, սի՛րտ, մի՛ կենա մե դամաղի,
Հալալ Մըտիկ արա հացի ու աղի.
Հենց բան արա՝ մարթ վըրեղ չը ծիծաղի՝
Խըրատ սի՛րե, սաբըր սի՛րե, շար սի՛րե:

Հընպարտութին չանիս՝ դուն զու քաս տե՛րըդ,
Խոնարութին արա կանց քիզ դեվերիդ,
Աստված դիփանանցը մին հոքի էրիտ.
Ախկատ սիրե, ղոնաղ սի՛րե, տար սի՛րե:

Սայաթ Նովա, էրնեկ քիզ, թե է՛ս անիս՝
Հոքուդ խաթրի մարմնուդ ումբրը կես անիս,
Թե զուզիս, վար դաղաստան չը տեսանիս՝
Վանք սի՛րե, անապատ սի՛րե, քար սի՛րե:

ԳԵԼՆ ՈՒ ՉՈԲԱՆԸ

Գելն ու չոբանը մեկմեկու ռաստ էկան.
Գելն ասավ. «Բարով տեհա, չոբան ախպեր»:
Չոբանն ասավ. «Յիս քու բարովն ի՞նչ կոնիմ,
Վո՛նց քու խերը կուզիմ, վո՛նց շառը, անդե»:

Գելըն ասավ. «Մուլաթ կու տամ, վուր մըթնի,
Ուսուլով ման կու գամ, բինեդ կու գըթնիմ.
Քու շըներու հաչոցեմեն չիմ խըրթնի,
Առուտեհան խերն ու շառը շանց կու տամ»:

Չոբանն ասավ. «Հենց գիդիս՝ դուրթ քո՞ւն ունիմ,
Մե աճկըս-անգաճըս քու կըռնումն ունիմ.
Ամեն դոչի գլխին մեմեկ շուն ունիմ,
Առատեհան քիզ թամաշան շանց կու տամ»:

Գելըն ասավ. «Վուր ամբը գա ծըմակին,
Ակռեքըս կու գըցիմ դոչի դըմակին,
Կեսը կու խիխտիմ, կեսն էլ իմ քամակին՝
Մե-մեկ, մե-մեկ սարի ծերին շանց կու տամ»:

Չոբանն ասավ. «Գիդիս անդեր մա՞լ ունիմ,
Ճըտիդ համա էրկըթե կըրկալ ունիմ.
Թե վուր ճանգըս ընգար, յիս իղբալ ունիմ,
Կոմբլիս տակին կընճկընճալը շանց կու տամ»:

Սայաթ Նովեն ասավ՝ յիս կարմիր կով իմ,
Կովկիթըս կոտռել իմ՝ հարսից խըռով իմ,
Գիլի հիդ բան չունիմ, չոբնին կու գովիմ,
Մե զամ էլա մածնի համը շանց կու տամ:

ԻՂՐԱՐ ՈՒ ԱՄԱԳ ՉՈՒՆԵՑՈՂ

Իղրար ու ամագ չունեցող յարի ձեռնեմեն դադ կոնիմ,
Բլբուլին վարթեմեն զըրգող խարի ձեռնեմեն դադ կոնիմ,
Մարթուս էնտիբար չը մնաց, դարի ձեռնեմեն դադ կոնիմ,
Դիփ խառնակիչ ու ավիրող չարի ձեռնեմեն դադ կոնիմ:

էլ հոքեվախ կըրոնավուր, մարթասեր իշխան չը մնաց,
Զօրը անզօրին կերիլ է, մարթկանց վըրա՛ ջան չը մնաց,
էս զամանի գոզալներուն ախրաթ ու իման չը մնաց,
Քանի՛ կանչիմ դադ ու փիրյադ, զարի ձեռնեմեն դադ կոնիմ:

Փիքր ու խիալըս հարզահ աշխարքի ցավի մասին է,
Խիղճի, նաչարի, տընանգի, բարու ու լավի մասին է,
Սայաթ Նովու խոսկը իրավ ու անիրավի մասին է,
Յոխսուլին զըրգող, բենիսափ վարի ձեռնեմեն դադ կոնիմ:

ԻՆՁ ՍԻՐԵՑԻՐ, ԷՇԽԸ ՆԸԳԱՐ

Ղազալի. Էսպես Արութինն ու իր սիրեկանը որ խոսել են՝ էն է, սիրեկանը էս ասել է ուղղակի Սայաթ Նովայի էրեսին, էսպես ասել է մեկ հավատարիմ յարը — մյուս էրեսին Սայաթ Նովեն.

Ինձ սիրեցիր, էշխը նընգար, խաղի դավթար իմ քիզ ամա.
Մի՛ քաղի փըշի ծաղիկը՝ վարթ, սուսանբար իմ քիզ ամա.
Չիմ թողնի արեգագումը՝ բաղչի սաջուր իմ քեզ ամա.
Ցիս քու մահը վո՞ւնց կա խընդրիմ՝ նուղլ ու շաքար իմ քիզ ամա.

Էլ քու բաղին մըտիկ արա, ուրիշ բաղեն վարթ չին տա քիզ.
Աղ ու հացը մի՛ դեն գըցի, շափթենը մեկ մըտիկ տու միզ,
Թեգուզ աշխարիքս պըտուտ գաս՝ չիս տեսնի ինձի պես ա՛զիզ.
Թաք ուրիշ գոզալ չը սիրիս՝ իղրարով յար իմ քիզ ամա:

Թակ յիս մորես չէի ծընի, վա՛յ էն օրին՝ յիս քիզ տեհա.
Դուն բլբուլ իս, յիս կարմիր վարթ, չասիս, թե՝ վարթը ջալց կեհա.
Մե փաքըր էտենց դիմացի, շուտով Հընդստան մի՛ էհա.
Անգորձիլ, անխարջ ու քըրիհ՝ մանդիլի զար իմ քիզ ամա:

Աստված վըկա, դիմիշ արած գըլուխըս քիզ մատաղ ըլի.
Ցի՛կ քիզիդ սիրով դամ անիմ, օվ գուզե բեդամաղ ըլի.
Ցիս քու խոսկեն չիմ անց կենա, թաք քու դամաղը չաղ ըլի.
Թեգուզ անմահութին ուզիս, սիրով կու ճարիմ քիզ ամա:

Քու դարդըն ինձի պառվեցուց ո՞ւմըն ասիմ, Սա՛յաթ Նովա.
Մի՛ գըցի ձեռնեմեն ձեռը՝ օսկե թաս իմ, Սա՛յաթ Նովա.
Փռանգըստանու միչեն ելած՝ զար ատլաս իմ, Սա՛յաթ Նովա.
Ծալե դավթարըդ, ղութին դի՛, ռանգ ու ռուքար իմ քիզ ամա:

ԷՇԽԸ ՎԱՌ ԿՐԱԿ

Ղափիա էսպես աշուղ օղլանի օզութլամա.
Արութինի ասած. լավն է։

Էշխը վառ կըրակ է էրվելով գու քամ,
Շատ մարթ կուե՝ յիս յարի յիդ ման գու քամ.
Էս դարդեմեն օվ չէ քաշի՛ վու՛չ քաշե,
Օ՛վ յար սիրե, է՛լ չասե թե՝ ջան գու քամ։

Շատ մարթ կա՝ է՛ն գըլխեն սըրտում ունե ղամ.
Բազի մարթ չէ քաշի, էշխեմեն է խամ.
Ինչ ասիս կոնիյ տա՝ սերն է անըսկամ.
Հալվեցա, մաշվեցա, էլ ի՛նչ ջան գու քամ։

Էշխը վուր կա՝ հազար բաքաթ հանգ ունե,
Ուշկ ու միտկը կու քընեցնե՝ բանգ ունե.
Բըռնածը չի թողնի՝ դայիմ չանգ ունե,
Էնդու համա՝ խան յիդ կեհամ, խան գու քամ։

Թե դուն էշխի հիդ ման գալը հարցընիս
Չի դիմանա Րոստոմ Զալը՝ հարցընիս.
Թե բեմուրվաթ յարի հալը հարցընիս,
Ասում է թե՝ սուլթան գու քամ, խան գու քամ։

Սայաթ Նովեն ասաց՝ շատի ջանք դըրի,
Մե բափա չը տեսա հում կաթնակիրի.
Օվ օր ինձ չի սիրի՝ յիս էլ չիմ սիրի,
Սերը սեր կու բերե՝ սիրեկան գու քամ։

ԻՆՁ ՈՒ ԻՄ ՍԻՐԵԿԱՆ ՅԱՐԻՆ

Էս էլ Դիբա ու յինգիդունիայի ձենում, հանգը ղազալի.
Արութինի ասած,

Ինձ ու իմ սիրեկան յարին մի տարի բերած գիդենար.
Ախ քաշելեն սըրտիս մեչը արունը մերած գիդենար.
Գիշիր-ցերեկ յարի խաթրու ջիգարըս էրած գիդենար.
Աճկըս թաց, բերանըս ցամաք, լիզուս յիդ քերած գիդենար:

Սիրտըս փուրումըս թուլացավ անգալներու զախ անելեն,
Ուշկ ու միտկըս խառնըվեցավ խուռը-խուռը խաղ հանելեն,
Աճկեմես ջուհարը գընաց՝ յարեն կարոտ՝ ա՛խ անելեն.
Է՛լ ապրելու ումիդ չունիմ, իմ օրըս կերած գիդենար:

Էրած խորված ման իմ գալի, մե տիդ չը կա մար ու՛նենամ.
Լիզվով չիմ կանացի ասի, թեգուզ խոսկըս փար ու՛նենամ.
Ափսուսալու հազար ափսուս, յիս է՛ս դաղա դար ու՛նենամ,
Էշխեն ուշկ ու միտկըս կապած, ինձ ջըրի տարած գիդենար:

Սիրտըս փուրամըս սըքուր է, ալ աճկիրըս լաց է անում.
Ծովը նընգած ամբի նըման դոշս ու յախես թաց է անում.
Քանի վուր մըհլամ իմ դընում, դուգունս է՛լ խիստ բաց է անում.
Հալվեցա, արնաքամ էլա՝ յարես յիդ արած գիդենար:

Օվ տեսնում է, է՛ս է ասում՝ «վա՛յ քու դարին, Սայաթ Նովա,
Համաշա քիզ պիտինք տեսնի աճկըդ արին, Սայաթ Նովա,
Ինչը՛վ չէլավ, չըռաստ էկար մե լավ յարին, Սայաթ Նովա».
Ումբըրս էրազի պես գընաց՝ ծառըս չը խերած գիդենար:

ԽԱԲԱՐ ԳԸՆԱՑ ԲԼԲՈՒԼԻ ՄՈՏ

Խաբար գընաց բըլբուլի մոտ. «Վարթը քու գալուն մընում է.
Ճուխկընիրը բացրացիլ է, վըրեն շուռ գալուն մընում է.
Առավուտուց զանգակի պես քաղցըր ձեն տալուն մընում է»:
Բըլբուլն ասաց. «Չիմ կանա գա, պուճպուճես լալուն մընում է»:

Վարթը ասաց. «Իմ բըլբուլին ալ պուճպուճեն վո՞ւնց կու խափե,
Թե խիլք ունիս, ղարիբ բըլբուլ, է՛լ քու բաղի ճանփեն չափե»:
Քանի զուզե քընած տիրը իր թշնամին կուռը կապե,
Էլի վիրչումը մեյդանը Ռոստոմի Զալուն մընում է:

Վարթը ասաց. «Խա՛յին բըլբուլ, լաննաթ էտ քու էհտիբարին,
Անց կացավ ապրիլ-մայիսը, մեկ օր չըր հարցըրիր յարին»:
Չէթուղ թե մուրազին հասնին, տե՛ս ի՛նչ արավ քավթար դարին,
Փահրադին քլունգը սըպանից, Շիրին՝ խանջալուն մընում է:

Աշխարումը վարթն է էլի բըլբուլների սիրեկանը.
Բըլբուլի լիզվով իմ ասում, տե՛ր, պահե վարթի նըմանը.
Աշխարումըս քանի սաղ իս, Սայաթ Նովի զերեզմանը՝
Շահ-Աբասի լալի նըման՝ շահի վրեն գալուն մընում է:

ՀՆԴԿԱՑ ՔԱՂԱՔԻՑԸ ՀԱՆԱԾ

Հնդկաց քաղաքիցը հանած, ջավահիր քար արմանալու,
Ինչի դիաչիս նաղըշ կոնիս, օսկե փարգալ արմանալու.
Ամեն մարթ չի կանա ճարի շահով շըքար արմանալու.
Մարթ հիդըդ չի կանա խոսի, Րոստոմի Զա՛լ արմանալու:

Շիմշատի ծառ բահամ էկած, շենքըդ տաշիլը ինչ կոնե.
Էրանի է քու տիրուչը, յաղին յաշիլը ի՛նչ կոնե.
Էրնաըդ խասա մուրսա՝ ղալամ քաշիլը ի՛նչ կոնե.
Կարմիր ու կանանչ ու ճերմակ, սարիսար ա՛լ արմանալու:

Դուն հիշտ դիմիշ ա՛նելու չիս, ճըրաք վառած, դըժար ճարած.
Օվ օր Էրեսըդ կու տեսնե, խիլքը կու դառնա շըվարած.
Անգին յաղութ, անգին ալմաս, բոլորքըդ ջավահիր շարած.
Սկանդարի Զուլղարեն թողած՝ ջընաղ հեքալ արմանալու:

Համաշա սեյրան իս անում, վարթ ու մանուշակ թաղում իս.
Շուշա-բըրոլե գուլաբդան բերնեդ վարթաջուր մաղում իս.
Թաքավուրի քաջի ջիղա, օսկե թիլըդ շաղմաղում իս.
Հուրսուրդի ձեռիցը փախած ջեյրան, մարալ արմանալու:

Ցա՛ր, քիզանից հիռանալըս մեռնելուս վըրա դըժար ա.
Էշխիցըդ Մեջլում իմ դառի, ինչպես անիմ ինձի չարա.
Ավելի չէ Սայաթ Նովեն՝ քիզի ծառա ու նոքար ա.
Նըրանից ձեռքը քաշիլը՝ շատ ա էտ, լա՛լ արմանալու:

ԻՆՉ ԿՈՆԻՄ ՀԵՔԻՄԸ

Էսպես Շիրվանի հանգում, որ ասում են Յոլարումզղան։
Էսպես Արութինն ու իր սիրեկանը որ խոսել են, էն է։

Ինչ կոնիմ հեքիմը, ի՛նչ կոնիմ ջարեն,
Քու տըված ուրիշ դիդ է, ուրիշ դիդ։
Էրում է մըհլամը, չէ լավնում յարեն.
Քու տըված ուրիշ դիդ է, ո՛ւրիշ դիդ։

Ասաց թե՝ հիռացի գըլխեմես, գընա.
Քու ասած ուրիշ տիղ է, ուրիշ տիղ.
Էտ քու արարմունքը քիզի չի մընա,
Քու ասած ուրիշ տիղ է, ո՛ւրիշ տիղ.
ուրիշ տիղ, ամա՛ն, ո՛ւրիշ տիղ։

Ասի թե՝ էշխեմեդ չիմ հանքչում տանըս,
Ձեռնիրըս թըլացավ՝ չէ շինում բանըս,
Էրվեցավ ջիգարըս, մաշվեցավ ջանըս,
Քու տըված ուրիշ դիդ է, ո՛ւրիշ դիդ։

Ասաց՝ իմ դիդեմեն քիզ չը կա չարա,
Գընա՛, թե խիլք ունիս՝ գլխիդ ճար արա,
Թե չէ՝ անիլ կու տամ քիզ փարա-փարա.
Քու ասած ուրիշ տիղ է, ո՛ւրիշ տիղ։

Յիս բըլբուլ իմ, վարթըս մընաց խարումը.
Կըրակ դըրիր սըրտիս խուցի յարումը.
Վունց զըրանքումը կա, վունց դավթարումը,
Քու տըված ուրիշ դիդ է, ո՛ւրիշ դիդ։

Ասաց թե՝ քի զարար շինեցիր շահըդ.
Կըտրեցիր աղաբըդ, կըտրեցիր ահըդ.

Մի՛ վիթի արունըդ, մի՛ շանց տա մահըդ.
Քու ասածը ուրիշ տիղ է, ո՛ւրիշ տիղ:

Ասի թե՝ մազիրդ սիրմա սիմ իս անում,
Հենց գիդիս՝ չիմ գիդի, յա՛ր, չիմ իմանում.
Սերըդ ինձ մահ դառավ՝ է՛լ չիմ դիմանում,
Քու տըվածը ուրիշ դիղ է, ո՛ւրիշ դիղ:

Թաքավուրի թագի լայիղ քարըն իմ,
Շիրինի պես Փահրադի դիդարըն իմ,
Ցիս է՛ն գըլխեն Սայաթ Նովու յարըն իմ,
Քու ասածը ուրիշ տիղ է, ուրիշ տիղ:

Հիդըս խոսի, մի՛ կենա խըռովի պես.
Տալղա տըվիր, գեմիս տարար, ծովի պես.
Կու մեռնիմ, չիս տեսնի Սայաթ Նովի պես.
Քու տըվածը ուրիշ դիղ է, ո՛ւրիշ դիղ.
ամա՛ն, ո՛ւրիշ դիղ:

ԽՈՍԿԻՐԸԴ ՄԱԼՈՒՄ ԻՄ ԱՐԻ

Էսպես մախամմազ-բայաթի, Արութինի ասած:

Խոսկիրըդ մալում իմ արի՝ անարատ մաքուր իս, ախպեր.
Օսկե փարչումը լցըրած անմահական ջուր իս, ախպեր,
Խըմողը վո՛ւնց կու կըշտանա՝ դուն կաթնե ախպուր իս,
ախպեր.
Աշխարքը ծով՝ դուն մեչը նավ, ման գու քաս՝ փըրփուր իս,
ախպեր,
Վախում իմ, թե ինձ էլ էրիս՝ անհանգչելի հուր իս, ախպեր:

Հուր իս՝ էշխով կըրակած,
Խոսկ իմ ասում առակած,
Իմ սիրմա-էրծաթ ախպեր՝
Օսկեջըրով վարակած:

Աջաթ միզիդ ի՞նչ իս կամում, ի՞նչ է ասում էտ քու փալըդ.
Իսկի չիս գալի, չիս ասում՝ աջաբ ի՞նչ է, բանդա, հալըդ.
Աստված վըկա, սիրտըս էրից ջեյրանի նըման ման գալըդ.
Ցիս քիզանից չի՛մ հիռանա, թեգուզ դուս գա խաթ ու խալըդ.
Թեգուզ սիրիս, թեգուզ ատիս, թեգուզ հանփուրիս, ախպեր:

Հանփուրիմ սիրով հանփուր,
Վունց օր խեչին է դաստուր.
Օվ քիզ խայան մըտիկ տա՝
Դառնա էրկու աճկով կուր:

Քիզիդ բաս օվ կարա բըռնի՝ հազար բաքաթ բառ իս էլի.
Խոսկիրըդ անգին ջավահիր՝ Ասմավուրու ճառ իս էլի.
Հուտըդ աշխարըս է զավթի՝ բալասանի ծառ իս էլի.
Չը կա քիզ պես էշխի ջուննուն՝ կըրակ ընգած վառ իս էլի.
Շատ մարթի քիզիդ կու էրիս, էտ լիզվի տեր վուր իս, ախպեր:

Վուր յիս ասիմ՝ իմացի,
Էշխի մեչը հիմնացի.
Ինձ հուրյան բիրյան արիր,
Ասում իս թե՝ դիմացի։

Խիլքըս գըլխեմես տարիլ իս, լիրթ ու թուքըս զարդ իս արի,
Սիրտըս փուրումըս սպանեցիր, էշխեդ քիզի նարդ իս արի,
Ինձ հուրյան բիրյան շինեցիր, աջա՞բ դուն էլ դարդ իս արի,
Ցիփ քի սիրով մեյման անիմ, վի կա՛ցի, թե մարդ իս, ա՛րի,
Ուրախացի, ուրախացու, չունքի միզ մոդ հուր իս, ախպեր;

Հո՛ւր իս, սիրով, սիրական,
Քիզի դուլլուղ պատվական,
Հազար թուրլու կերակուր,
Սուրփ զինի անապական։

Համաշա իմ յարի ճանփին կանգնած իմ՛ տալիս իմ դովա.
Աշխարքն աշխարով կըշտացավ, իմ սիրտը քիզանից սովա.
Սըրե, շա՛ղ տու վուտիդ տակը, էշխեդ դառա հավաջովա.
Իսկի չիս գալի, չիս ասամ՝ խի՛ստ իս լալիս, Սայաթ Նովա,
Չըլի՞ միտկըդ մոլըրվիլ է, սրտումըդ պըխտուր իս, ախպեր։

Պըխտուր սիրտըդ պարզ արա,
Բլբուլի պես փարզ արա,
Աստըծուն փառք, քաղկումն իս՝
Դարդըդ խանին արզ արա։

ԿԻՍԱՄՈՒՐԱԶ ՄԻ՛ ՍԸՊԱՆԻ

Էսպես լավ զարեհլիի Զայնով է։

Կիսամուրազ մի՛ սըպանի,
Զունքի արիր սեր, նազա՛նի,
Թե քիզ ավել յադ յար սիրիմ,
Ումբրըս չանիմ խեր, նազանի։

Աշխարումըս դուն իմ ջան իս,
Դուն իմ շահ իս, սուլթան, խան իս,
Ի՞նչ կուլի միզ մըտիկ անիս
Հազըրեն մե ջեր, նազա՛նի։

Ղարիբ դավրիշ իմ, հաջ չունիմ,
Գըլխիս էրծաթե թաջ չունիմ,
Ցիս քիզ ավել իլլաջ չունիմ,
Դուն դառի ինձ տեր, նազանի։

Կըրակ տըվիր՝ կրակեն ավել,
Չախմախ էլ ունիս դուն, ցավ էլ
Աշխարումըս քիզնից ավել,
Օվ ասավ՝ թե կէր, նազա՛նի։

Սայաթ Նովեն իմ, ճար չունիմ,
Ցիս վառռրեմեն մե խար չունիմ,
Թե դուն ասիր յադ յար չունիմ.
Իղրարըղ էտ էր, նազանի։

ՁԵՆԸԴ ՔԱՂՑԸՐ ՈՒՆԻՍ

Ղափիա, էսպես լավ յարի վրա, Արութինի ասած:

Ձենըդ քաղցըր ունիս՛ ռամզով կու խոսիս.
Նա պահէ քիզ, ումն օր ծառա իս, գո՛զալ,
Մեճկըդ ջեյրանի է, ռանգըդ՝ շաքարի,
Փռանգըստանու էկած խարա իս, գո՛զալ:

Ղումաշ ասիմ շորեղեն է, կու մաշվի,
Սալբի ասիմ՝ ախըր մին օր կու տաշվի,
Ջեյրան ասիմ՝ շատ մարթ քիզիդ կու յաշվի,
Բաս վունց թարիֆ անիմ՝ մարա իս, գո՛զալ:

Թե մանիշակ ասիմ՝ սարեմեն կոսին,
Թե ջավահիր ասիմ՝ քուրեմեն կոսին,
Թե վուր լուսին ասիմ՝ տարրեմեն կոսին,
Արեգագի նըման փարա իս, գո՛զալ:

Կուզիմ թե համիշա դըռեանըդ գամ ուխտ,
Աճկիրըդ, կարմի՛ր վարթ, նուր բացարած տուխտ,
Լիզուդ՝ գըրիչ ունիս, ձեռըդ՝ գուլգազ թուխտ.
Ծովեմեն դուս էկած զարա իս, գո՛զալ:

Խիրա սիրմըդ սըրտիս մեչը ցանեցիր,
Նազ ու ղամզով, յա՛ր, իմ հոքիս հանեցիր,
Էս քու Սալաթ Նովուն դուն սպանեցիր
Գըլխիդ էկած ղադեն առա յիս, գո՛զալ:

ՍՈՒՍԱՆ ՍԸՆԲՈՒԼ ԴԱՍՏԱՄԱԶԸՏ

Սուսան սընբուլ դաստամազըդ էրեսիդ խափանգ իս արի,
Կավիրըդ օլոր տար ու բիր, արայիշ գուլ հանգ իս արի։

Հանգ իս արի, յա՛ր, ա՛ յար,
Միրտըս արիր յարա, յա՛ր,
Գըլուխըս մատաղ կոնիմ՝
Ղաբուլ անիս, յա՛ր, ա յար։

Ումբրիս լարը ձըգիլ ղաղանգ իս արի,
Վայ թե կըտըրվիլ է ղափիլ, յա՛ր ա՛ յա՛ր։

Աճկիրըդ ծով, էրեսըդ շովղ, էշխըս լուղ կուտա անդայիդ,
Անքանար ջուրըն իս գըցի, բոլորքըս տալղա, ջըրիդիդ։

Ջըրիդիդեն Նոյ այիբ,
Վուր փըրկըվից նու այիբ,
Նոյին գեմին ազատից,
Ինձ՝ այիբն ու նու այիբ։

Մե-մեկ ինձի տիսուղ թե՝ անիս լաիդ,
Կու կենամ ջամալիդ մայիլ, յա՛ր, ա՛ յար։

Հաարաթեղ չոլիրը նընգած, Մեջլումի պես Լեյլու զայաթ.
Յարալու ջեյրան իս դառի, յիս քու էդնեղ՝ ավչի-սայաղ։

Սայաթ Նովեն իմ, սայաղ.
Անումըս հաշվիր՝ սայ-աղ.
Տիսուղ կարոտ չը թողնիս,
Չասիս՝ սա օտար, սա՝ յաղ։

Կամ թե՝ գուրձավուր իմ, բեքարա խայաթ,
Արածըդ ինձ չի լի վայիլ, յա՛ր, ա՛ յա՛ր:

ՀԻՄՔԸԴ ՎԵՐՍՏԻՆ ՆՈՒՐԵՑԻՆ

Հիմքըդ վերըստին նուրեցին, չաղ արին, Մողնու սուրփ
Գեվուրք.
Քար ու կիրըդ օխչարի կաթ շաղ արին, Մողնու սուրփ Գեվուրք.
Աչ ու ձախ կախեցի՛ն՝ բրոլէ ճաղ արին, Մողնու սուրփ Գեվուրք.
Ցիրգնոց լոսը վըրեդ կամար-թաղ արին, Մողնու սուրփ
Գեվուրք:

Պատիրըդ կարմիր ագուրով, սընիրըդ տաշ մարմար քարով,
Հընդու միչեմեն դուս էկած վարաքուրըդ՝ ղալամքարով.
Թագիրըդ անգին ակնիրով, ըզգիստըդ զարբաբով, զարով.
Բիմըդ ու խաչկալըդ դրախտի բաղ արին, Մողնու սուրփ
Գեվուրք:

Վիրնատունդ սանդալէ տախտակ, ռանգըն է տորոնի նըման.
Հոքով ու մարմնով կու սըրփվի, օվ քիզ գու գա մոնի նըման.
Տապանակ ուխտի կըտակավ խորանդ Աիարոնի նըման
Միաբանքըդ քաղցըր ձայնով տաղ արին, Մողնու սուրփ
Գեվուրք:

Ամեն բորոտը կու սրփվի, քիզի գու գա օվ փափակով...

ՄԱՋԵՐ ՈՒՆԻՍ ԴԱՍՏԱ ՌԵՀԱՆ

Էս Արութինի ասած է, իլլահի.

Մազիր ունիս դաստա ռեհան՝ նման սիրուն սուսանի.
Ունքիրըդ ղալամով քաշած, սազում ին միր գումանին.
Թեթերուկըդ նիտ ու նաշտար՝ դիբչում է միր քամանին,
Աճկիրըդ օսկե փիալա, կրակ դրից միր ջանին։

Վարթ էրեսիդ խալ իս դրի՝ աստղի նման հավասար.
Գունքըդ Հնդստանի մում է, ջանս արավ ղավար-ղավար,
Լիզուդ քաղցր, բառըդ քաղցր, ակըռքնիրըդ անգին քար.
Պըռոշեմեդ միղր է կաթում, չի հասնում միր փինջանին։

Էրեսըդ է արիվ-լուսին, վիզդ է նման ղարղարի.
Բուխարնիրըդ կախ ին նընգի՝ ինձ ամա չիս դարդ արի.
Կուրըդ շիշմատ, մատնիրըդ՝մում, դանգըդ արավ ինձ սարսարի
Գիշեր-ցերեկ էշխի մեչը կախվիլ է միր դամանին։

Էնդու համա ջունում դառած կանչում իմ ամա՛ն-ամա՛ն,
Աճիլ է, ծաղկիլ է ծուցըդ, հուտը զու քա աննման.
Դոշըդ դառած բաղ ու բաղչա, խալ է զցի շամաման.
Կու բխեցնե կաթնեախպուր, կանաչ չայիր չիմանին։

Թարիֆ արա, Սայաթ-Նովա, գոզալը աննման է,
Մեճկը հաղիղեմեն քաշած՝ մարթու հոքի կու հանե.
Ի՞նչ իս անում, ղանլու մարալ, էշխըդ ինձ կու սըպանե.
Մի սըպանի հասրաթեմեդ, յիկ, տեր մի դառ միր արնին։

ՄԱԽՈՒԽՆ ՈՒ ՕԽՉԸՐԻ ՄԱՍԻՆ

Մախուխն ու օխչըրի միսը կըռվեցան,
Ամեն մեկը գովում ին՝ մազեն յիս իմ,
Քու մեչն ի՛նչ դուաթ կա, ի՞նչ իս դուս տալի,
Մարթու դուաթ տըվողն ու փազեն յիս իմ:

Մախուխն ասավ. «Օխտը շափաթ պաս ունիմ,
Գըլխիս ծառա օխտը նորահարս ունիմ,
Համիմ, սըխտուր, պիտնա ու պըռատ ունիմ,
Աթամորթու սըրտի մուրազըն յիս իմ»:

Օխչըրի միսն ասավ. «Իմ մեչն է համը,
Կու դնին փըլավումը՝ կու քաշին դամը.
Ինձ մաթլաբեն կոծին, քիզ կոծին ջամը,
Ջիգրու կու պատռեցնիմ, քու ջազեն յիս իմ»:

Մախուխն ասավ. «Քանի փըքվիս պատըռվիս,
Պիտի վուր պաս պահիս, հազար փըշրըվիս,
Միխկիրդ դարց զաս ու պիտի հաղորթվիս,
Դըժուխկի ու դըրախտի դազեն յիս իմ»:

Օխչըրի միսն ասավ. «Պակսիլ է օրը,
Դիփ քիզ ին գովում՝ քաչալն ու քոռը,
Քիզ կու քոռացնէ իմ մատղի զօրը,
Լավաշում փաթաթած թավազեն յիս իմ»:

Սայաթ Նովեն ասավ. «Խոմ գիդիք՝ օց իմ.
Գուզիք էրկսիդ մետի, մեբաշ սըղոցիմ.
Կու վիկալնիմ յիս ձիզ մութ տիղը կոծիմ,
Կոխպեքը կու դընիմ՝ ձիր ռազեն յիս իմ»:

ՄՈՏԸԴ ՆԸՍՏՈՂԸ ԿՈՒ ՀԱՐՓԻ

Էսպես Արութինի ասած,

Մոդըդ նըստողը կու հարփի՝ դուն բանգ ու բոզա իս, ա՛զիզ:
Դիվանա Փահլուլ կու շինիս, տեսնողին՝ ազա իս, ա՛զիզ.
Ինչ տիղ կու լիս շնուք կու տաս՝ մեջլիսի մազա իս, ա՛զիզ.
Մազեն մե սահաթ լավ կու լի, դուն համան թազա իս, ա՛զիզ:

Մե խոսկըդ կանց շաքար քաղցըր, մե խոսկըդ վառ՝ քուրա-քուրա
Մե նըմանըդ ռաշի նըման, մե նմանըդ, ջուրա-ջուրա.
Մարքարիտով լիքը կալ իս, սադափնիրըդ թուրա-թուրա.
Էրծաթե կոխպեքով կոխպած, դուն օսկե ռազա իս, ա՛զիզ:

Էրեսըդ առուտվան արիվ՝ քանի կէհա կու զարզա՛նա.
Թաքավոտի քարխանի զար՝ ծառը ծառեն չի՛ թարզանա.
Թե սուչ ունենամ սըպանե, թե չէ նա հախ մի՛ բարզանա.
Մե ձեռըդ ջուր, մե ձեռըդ արուն՝ ջալլաթի ջազա իս, ա՛զիզ:

Տեսնողը նաղշըդ կու տընդղե էն թավուզի բըմբուլի պես,
Ձընի տակ են նուր դուս էկած, արիվ դիբած սընբուլի պես.
Թուղ վրետ թալով պտուտ զամ, վարթի կարոտ բըլբողի պես,
Դուն ինծ շուտով մի՛ թըռցընի շավարդան-բազա իս, ա՛զիզ:

Էշխեմեդ հիվանդացիլ իմ, վունց զարար, վունց շահ ին ասում.
Հեքիմնիրըս ափսուսում ին՝ ծընգան տալով վա՛յ ին ասում.
Կանչողըս դարդակ է զըռում «ա՛խ, Սայաթ Նովա» ին ասում.
Թաք դուն դիս զաս վիր կու կենամ, թե սազիս՝ սազա իս, ա՛զիզ:

ՅԻՍ ՄԵ ՂԱՐԻԲ ԲԼԲՈՒԼԻ ՊԵՍ

Էս Արութինի ասած է. ղազալի: Էս էրկու խաղը մի հանգով է, ով որ սովորի Դոստի խաղի ձէնով ասի, թե որ չիմանաս հարցրու թե՝ Գոզալար յիղնաղինա բախ, ղաստա-բեղաստա թարփանուր:

Յիս մե ղարիբ բուլբուլի պես, դուն օսկե ղափազի նըման.
Էրեսըս դի վուտիդ տակը՛ ա՛նց կաց, փիանդազի նըման.
Յա՛ր, քեզիդ խոսիլ իմ ուզում՝ շահի իլթիմազի նըման.
Աջաիբ սուրաթի տեր իս՝ ռանգըդ է գուլզազի նըման:

Յա՛ր, մըտիլ իս բաղչի մեչը, աջայիբ սեյրան իս անում,
Շուխկդ արեզազի նըման է՝ տեսնողին հեյրան իս անում.
Ջիգարըս կըրակ իս տըվի, էրվում իմ՝ բիրյան իս անում.
Վունց մե գոզալ չէ ունեցի՝ էտ քու արած նազի նըման:

Հենց իմացի, յա՛ր, քու դուլն իմ, թանգ հախով գընած չըրաղ իմ,
Յա՛ր, դըռանըդ նընգած ըլիմ, օվ տեսնե, ասե՝ տուսաղ իմ.
Էշխեմեդ հիվանդացիր իմ, վունց մեռնում իմ, վունց թե սաղ իմ.
Ծովի պես ուրղան իմ տալի, գըժվիլ իմ Արազի նըման:

Օվ կու տեսնե, ջունուն կու լի, բարզ էրեսիդ խալ իս անում,
Էլ ջուքամը դուն կու քաշիս, չուն մահիս խիալ իս անում.
Յար, յիս քիզ բարով իմ տալի, շուռ իս գալի, դալ իս անում,
Չունքի խոսկըդ անց է կենում բելլու՝ շահ-անդազի նըման:

Սայաթ Նովեն ասաց՝ զու լամ, չիմ լաց լի՝ թե ճար ունենամ.
Էլ յիս կու քաշիմ էս դուսեն՝ թո՛ղ լի ահ ու զար ունենամ.
Յա՛ր, քիզ վըրեն արք ունենամ, մե լավ իխտիար ունենամ՝
Առնում, տանիմ մեջլիսները օսկեջըրած սազի նըման:

ՇԱՏ ՄԱՐԹ ԿՈՍԷ

Էսպես վարսաղ, Արութինի սասած, մէ սիրունի վրա:

Շատ մարթ կոսէ՝ յիս յարեմեն հասրաթ իմ՝
Լեյլի Մեջլումն էլ չէ էլի է՛ս հալով.
Մարթ պիտի համաշա բերանըդ տընդղէ՝
Խոսկ իս ասում առակավուր-մասալով:

Լիզուդ քաղցըր ունիս՝ շաքար ու շարթին.
Մազիրըդ ռեհան է՝ փաթըթած վարթին.
Քի զարթարած տեսնիմ յիդ ծաղկազարթին՝
Հաքիլ ըլիս զար զարբաբը՝ խաս ալով:

Յա՛ ինձի կորցըրեք, յա՛ մե բան արեք,
Խփեցեք մե տիղըս, մե նշան արեք,
Թեզուզ էստու համա քարասպան արեք՝
Չի՛մ կըշտանում զոզալի հիդ խոսալով:

Աջաբ վունց դիմանամ յիս էս չափ դարին,
Աճկեմես արտասունք՝ դուս զու զա արին,
Օրըն իր շաբաթով կարոտ իմ յարին,
Վունց օր դարիբ բըլբուլ՝ վարթին տիսալով:

Խիլքըս տարավ՝ ջաղուքարին չի՛մ տեսի.
Բեմուրվաթին, բեիղրարին, չի՛մ տեսի.
Սայաթ Նովեն ասաց՝ յարին չի՛մ տեսի.
Ման իմ զալի արտասունքըս հուսալով:

ՈՒՍՏԻ՞ ԿՈՒ ԳԱՍ, ՂԱՐԻԲ ԲԸԼԲՈՒԼ

Արութինի սաած, թաւլիբ։

Ուստի՞ կու գաս, ղարիբ բլբուլ,
Դու մի լաց լի, իս իմ լալու.
Դու վարդ պտռէ՛, իս զօզալին,
Դու մի լաց լի, իս իմ լալու։

Արի՛, բլբուլ, խօսի՛ բարըն,
Օխնըրուի՛ քու էկած սարըն.
Քի վարդն էրից, ինյ իմ եարըն,
Դու մի լաց լի, իս իմ լալու։

Ման իմ գալի դիլդարի հիտ.
Կունց ղարիբ բլբուլ խարի հիտ.
Դու վարդի հիտ, իս եարի հիտ,
Դու մի լաց լի, իս իմ լալու։

Սալբուի նըման կանանչ իմ,
Ե՛կ, խօսի՛, ձայնիդ ճանանչ իմ,
Դու վա՛րդ կանչէ՛, իս եա՛ր կանչիմ,
Դու մի լաց լի, իս իմ լալու։

Ղարի՛բ բըլբուլ՝ ձայնըդ մալում,
Իս ու դու էրուինք մէ հալում,
Սայաթ—Նովէն ասաց զա՛լում,
Դու մի լաց լի, իս իմ լալու։

ՄՇՈՒ ՍՈՒԼԹԱՆ ՍՈՒՐԲ ԿԱՐԱՊԻՏ

Էս մուխամմազ է, Արութինի ասած։

Մշու սուլթան սուրբ Կարապիտ, երկինքն է հասյալ գովքը քո.
Գլուխ վարթապիտ ճշմարտության, չկար հավասար ոքը քո.
Խոսկիողդ անգին ջավահիր, լալ էս թափյալ բերնոքը քո.
Որովայնէ երգիրպաքիր, արմացյալ ին ծնողքը քո.
Անապատէն բարբառեցար, հրաշախոս շըրթնոքը քո։

Գընացիր գետը Հորդանան, տերըն ինքը մըկըրտեցիր.
Տիրոջը դու ցուցիր մարդկանց երրուրթությունը հայտնեցիր.
Ցիս վասըն այն ուրախ եմ շատ՝ չար սատանէն կոռցըրեցիր.
Երեսուն ամ ի մեջ այրի, վասն աշխարին աղոթեցիր.
Մեղըր վայրի վայիլիցար, շատ քաղցըր ին քարոզքը քո։

Գրյալ է ի մեջ սուրբ գրքի, Օվաննես միծի ծնունդկանանց.
Զարյամբ քո հոգիք փըրկեցիր, թագ ու պարծան իս
կուսանանց.
Հրիշտակնիրըն իջան յիրգնուց, պըսակ լուսո առիր անանց.
Խաչապաշտյաց հիմըն դառար, աշտանակ իս ամեն վանանց.
Մասունքըդ ամեն տիղ ծավալի, ամեն տիղ է լույս-շողքը քո։

Կըռապաշտը քիզ հյուր կանչեց, զօրս ամենայն յուր
հավաքյաց.
Բազմությունը եղ— հուզյալ՝ ենպոր ախչիկը չը խաղաց.
Երդում կերավ զաիի վերա, ի՛նչ որ ուզես, կու տամ՝ ասաց.
Մարգարեի գլուխը ցանկաց, ջալլաթը շուտով գըլխայտաց.
Օխտըն անում հիշատակեցին, որ կտրեցին շըլինքը քո։

Ի՛նչ հրաշալի կերպ ունիր դուն, սանդարամիտը զօրոք
սարսյալ,
Տարտարոսը հայտնի արիր, ավետիս համայն առաքյալ.

Դըրախտի հրիշտակըն ի դուն, սուրբըդ սըրբոց սիրտըդ մաքրյալ.
Սայաթ Նովան շատ կու ողբա, աղաչում է երեսն անկյալ.
Մեղավորաց մեղկը հալե, լուսվ լի է տապանքը քո:

ՅԻՍ ՔՈՒ ՂԻՄԵԹԸ ՉԻ՞Մ ԳԻԴԻ

Թաւլիբ, էսպես Արութինի ասած:

Յիս քու ղիմեթը չի՞մ գիդի՝
Ջավահիր քարի նըման իս.
Տեսնողին Մեջլում կու շինիս,
Լեյլու դիդարի նըման իս:

Աշխարումըս իմը դուն իս,
Բեմուրվաթ իս, մուրվաթ չունիս.
Պըռոշնիրըդ նաբաթ ունիս,
Ղանդ ու շաքարի նըման իս:

Դաղա պիտի՝ թարիփդ ասեմ,
Ակռեքըդ յաղութ-ալմաս է,
Ռանգըդ փըռանգի ատլաս է,
Ջար ղալամքարի նըման իս:

Մազիրըդ նըման ռեհանի,
Դուն ուրիշ խիալ մի՛ անի,
Ռահմ արա, հոքիս մի՛ հանի,
Մուրվաթով յարի նըման իս:

Վո՛ւնց ղիմանամ էսչափ չարին,
Աճկեմես կաթում է արին.
Սայաթ Նովա, նազլու յարին՝
Գընած նոքարի նըման իս:

ՅԻՍ ԿԱՆՉՈՒՄ ԵՄ ԼԱԼԱՆԻՆ

Ռաքայի բայաթր-թաալիք. Արութինի ասած:

Յիս կանչում իմ լալանին.
Բաղեշխանեն լալ անին.
Վա՜յ թե հաարաթեղ մեռնիմ,
Բըլբուլ լիզուս լալ անին.
Դոստիոըս հիռու կանգնին, յաղիոը գան՝ լալ անին:

Քիզ սազ գու քա ալ դումաշը, նազա՛նի.
Յիկ ճակատիդ կապե զարըլու մուղայիշ.
Ձեռիդ բըռնե օսկեջըրած մըկրատը,
Խուճուճ-խուճուճ կավիրուդ տուր արայիշ:

Յիս կանչում, իմ յար անին,
Թեջնիս, վարսաղ, յարանին.
Օ՞վ ասավ, թե նախախ տիղ
Յարիդ մեչը յար անին.
Ավետարանը կու տա խոնար մարըթուն էրանին.

Պատվական տեսնելու նովաք ու նաջար.
Բըլբուլին գըժվեցնող թուփ՝ վարթի սաջար.
Աճկիրուդ ունքիրըդ էլավ մուհաջար.
Թերթերուկիդ մազը՝ զար, օսկու զարնիշ:

Յիս կանչում իմ զայանին.
Նու ու այիք զայ անին.
Դուն իս ասի՝ նախախ տիղ
Յարի սիրտը զայ անին.
Շահն էր քաշի, չէր դիմանա է՛ս իմ քաշած զայանին:

Հուտըդ աշխար բըռնից՝ Փըռանգի մաշում,
Դաստամազըդ դառավ սիմ ու աբրեշում.

Կըռնիրըդ շիմշատ է, մատնիրըդ է մում.
Ծուցըդ բաղչա ունիս, մեճկըդ է դամիշ:

Ցիս կանչում իմ մերանին,
Ընկըսպնական մեր անին.
Թուզ դոստիրը շատանան,
Թըշնամիքը մեռանին.
Աւի՛ թէ յիս քու ախաէբ, քու մերն ինձի մեր անին:

Բեմուրվաթ յար, խիլքը գըլխես մի՛ տանի.
Դարդիրըս շատացավ քանի՛ մե քանի.
Գիդիմ վուր, յա՛ր, դուն ինձ լայիղ չիս անի,
Դուն մե թաքավուր իս, յիս մե խիղճ դավրիշ:

Ցիս կանչում իմ մաաանին.
Մեվ ու այիբ մաս անին.
Ցիս քիզնից չիմ հիռանա,
Գուզե ինձ անմաս անին.
Սայաթ Նովեն քու յարն է, թեզուզ մասնեմաս անին:

Դաստամզըդ նըման սընբուլ սուսանի.
Վախում իմ, թե սերըդ սիրտըս կես անի.
Կու մեռնիմ, էլ ինձի պես չիս տեսանի.
Քու Սայաթ Նովեն իմ, մի՛ անի դիմիշ:

ՓԱՀՐԱԴԸ ՄԵՌԱԾ, ՇԻՐԻՆՆ ԱՍԱՑ

Էս մուսաղասի ձենով է, շատ լավն է, Սայաթ Նովայի ասած:

Փահրադը մեռած, Շիրինն ասաց՝ դարեն էրված իմ.
Քաշվիլ է վարթը, մող չի թողնում, խարեն էրված իմ.
Բըլբուլըն ասաց՝ վարթիս խաթրի քարեն էրված իմ.
Տասնումեկ ամիս մունջ իմ կացի՝ տարեն էրված իմ.
Աստված կու սիրիս, զար մի՛ հաքնի, զարեն էրված իմ,
Մեջլումի նըման ման իմ գալի, յարեն էրված իմ:

Չը կա փաչայի խազինումը մայ քիզի լայիղ.
Հալա չին գործի Քիրմանումը շալ քիզի լայիղ.
Օսկե մատնումըդ դուն դըրիլ իս լալ քիզի լայիղ.
Հաքիլ իս ատլաս, ռանգը զուլզազ-ալ քիզի լայիղ:
Աստված կու սիրիս, զար մի՛ հաքնի, զարեն էրված իմ,
Մեջլումի նըման ման իմ գալի, յարեն էրված իմ:

Խոսքիրըդ քախցըր, լիզուդ շաքար, շարթի միչումը.
Գարունքվան ծաղիկ, բաց իս էլի մարտի միչումը.
Մազիրըդ ռեհան, փաթըթված է վարթի միչումը՝
Կանանչ տերեվեն նամ չի կաթի զարթի միչումը.
Աստված կու սիրիս, զար մի՛ հաքնի, զարեն էրված իմ,
Մեջլումի նըման ման իմ գալի, յարեն էրված իմ:

Սայաթ Նովեն իմ, էնդուր զու լամ, դարդիրըս արբաբ.
Մազիրըդ ռեհան, կըլապիտոն, հուսիրըդ շարբաբ.
Բարակ ղամաթիդ խիստ սազ զու քա դիբա ու զարբաբ.
Աստված կու սիրիս, զար մի՛ հաքնի, զարեն էրված իմ,
Մեջլումի նըման ման իմ գալի, յարեն էրված իմ:

ՊԱՏԿԻՐՔԸԴ ՂԱԼԱՄՈՎ ՔԱՇԱԾ

Էս էլ Դիբա ու յինգիդունիայի հանգում: Արութինի ասած:

Պատկիրքըդ ղալամով քաշած, թաիրըդ ռանգեռանգ իս անում,
էրեսիդ խալը ծածկում է՝ մազիրըդ խափանգ իս անում.
Բացվիլ իս կարմիր վարթի պես, բլբուլի հիդ հանգ իս անում.
Ակռեքըդ օսկումը շարած, պըռոշըդ մահանգ իս անում:

էրեսըդ նուր լուսնի նըման՝ քա՛նի կէնա կու բոլըրվի,
Դաստամազըդ նամ չի ուզի՝ առանց հուսիլ կու օլըրվի,
էնդու համար քու տեսնողը իր ճանփեմեն կու մոլըրվի.
Ցիփ մըտնում իս մեջլիսումը, շանգ շուխի շաբանգ իս անում:

էրեսըդ տեսնելու զու զան քաղաք քաղկով, զիդ՝ զիդի պես.
Մեռնողը քիզմեն կու առնէ անմահական դիդ՝ դիդի պես.
Ցիփ տիդեմեդ ժաժ իս գալի, շըխշըխկում իս ջիդ՝ ջիդի պես.
Ի՛նչ կոնիս սանթուր քամանչեն, զուքըդ չոնգուր չանգ իս
անում:

Ծուցիդ մեչը վարթ, մանիշակ, սընբուլ ու սուսան իս շինի.
Քու տերը բաղըն ի՛նչ կոնէ՝ քու հուտը ռեհան իս շինի.
Քամին մեչը անց է կենում՝ մազիրըդ յիլքան իս շինի.
Աշխարքը ծով, դուն մեչը նավ՝ ման իս գալի, լա՛նգ իս անում:

Տասնեմեդ մեկը չին ասի, թեգուզ աշխարըս քիզ զովին.
Նովափար, ծաղիկ ծովային, մանիշակ բաց արած հուվին.
Բաս քու էշխին վո՛ւնց դիմանամ, ջուրը տանէ Սայաթ Նովին.
Թէ տեսնողըդ մեկ էլ տեսավ՝ դիվանա դաբանգ իս անում:

ՉԻ՛Ս ԱՍՈՒՄ, ԹԵ ԼԱՑ ԻՍ ԷԼԻ

Չի՛ս ասում, թե լաց իս էլի,
Բարով տեսա, իմ սիրեկան,
Վարթի նըման բաց իս էլի
Խարերով,
Խարերով.
Բարով տեսա, իմ սիրեկան:

Ա՛րի, մե դարդըս իմացի,
Էշխեմեդ համա՛ն իմ լացի.
Օրըս էսպես անց է կացի
Դարերով,
Դարերով.
Բարով տեսա, իմ սիրեկան:

Ցիփ կու հաքնիս ալ ու ատլաս,
Տեսնողին կու շինիս մաս-մաս.
Դոշիդ պիտի լալ ու ալմաս
Շարերով,
Շարերով.
Բարով տեսա, իմ սիրեկան:

Ցիս քիզ գովիմ խաղի մեչը,
Շամամներըդ թաղի մեչը.
Ման իս գալի բաղի մեչը
Յարերով,
Յարերով.
Բարով տեսա, իմ սիրեկան:

Սայաթ Նավեն վո՞ւնց դընջանա,
Աչկիրըդ օսկե փընջան ա.

Դուշմանի լեզուն մընջանա
Չարերով,
Չարերով.
Բարով տեսա, իմ սիրեկան:

ԱՇԽԱՐՀԸՍ ՄԵ ՓԱՆՋԱՐԱ Է

Աշխարիըս մե փանջարա է, - թաղերումեն բեզարիլ իմ.
Մըտիկ տըվողըն կու խուցվի, - դաղերումեն բեզարիլ իմ.
Էրեգ լավ էր կանց վուր էսօր, - վաղերումեն բեզարիլ իմ.
Մարթ համաշա մեկ չի՛ ըլի, - խաղերումեն բեզարիլ իմ:

Դովլաթն էյթիբար չունե, յիփոր կերթա ուրուշ - քարով.
Լավ մարթն էն է' գլուխըն պահե աշխարումըս էյթիբարով.
Աշխարըս մեզ մընալու չէ' իմաստնասիրաց խաբարով. -
Կուզիմ թըռչի բըլբուլի պես, - բաղերումեն բեզարիլ իմ:

Ո՞վ կոսե թե յիս կու ապրիմ առուտեմեն ինչրու մուտըն'
Աստըձու ձիռումըն հիշտ է մարթու աշխարք ելումուտըն.
Ղուրթս էնդուր ճանփա չէ գնում' շատացիլ է խալխի սուտըն.
Քըսանըն' մե դուլ չին պահում, - աղերումեն բեզարիլ իմ:

Աշխարըս միզ մընալու չէ, քանի նըստինք զող ու սափին.
Հում կաթնակիր - Աթա՛մի զաթ, նա՛լաթ ըլի էտ քու բափին.
Համփիրութինըս հատիլ է, չիմ դիմանում խալխի զափին.
Դոստիրըս դուշման ին դառի - յաղերումեն բեզարիլ իմ:

Սայաթ-Նովեն ասաց' դարդըս կանց մե ճարըն շատացիլ է.
Չունիմ վաղվան քաղցըր փառքս, հիմի դարըն շատացիլ է.
Բըլբուլի պես էնդուր գու լամ' վարթիս խարըն շատացիլ է.
Չի՛ն թողնում վախտին բացվելու, - քաղերումեն բեզարիլ իմ:

ԵՐԳԵՐԻ ՑԱՆԿ

ՋԱՆԱԶԱՆ ԵՐԳԵՐ

ՈՒ

Փ

Ք

Օ

ԿՈՄԻՏԱՍ ՎԱՐԴԱՊԵՏ

ՍԱՅԱԹ ՆՈՎԱ

www.ingramcontent.com/pod-product-compliance
Lightning Source LLC
LaVergne TN
LVHW091641100826
845152LV00006B/127/J

* 9 7 8 1 6 4 4 3 9 3 5 2 9 *